Industriemeister
– Grundlegende Qualifikation –

Band 2
- Betriebswirtschaftliches Handeln -
- Lehrbuch -

von

Tarkan Bülbül
Meister für Schutz und Sicherheit

Stefan Merz
Diplom-Wirtschaftsingenieur (FH)

1. Auflage 2015

Verlagshaus Zitzmann, Nürnberg

Im Verlagshaus Zitzmann sind erschienen / werden erscheinen:
(Stand 01/2016)

Ausbildereignungsprüfung gem. AEVO:
- Gesetzessammlung Ausbildereignungsprüfung gem. AEVO

Industriemeister / Meister für Schutz und Sicherheit:
- Gesetzessammlung Industriemeister GQ
- Industriemeister Band 1 Rechtsbewusstes Handeln
- Industriemeister Band 2 Betriebswirtschaftliches Handeln
- Industriemeister Band 3 Zusammenarbeit im Betrieb
- Industriemeister Band 4 Methoden der Planung (II/2016)
- Industriemeister Band 5 Naturwissenschaftliche und technische Gesetzmäßigkeiten

Meister für Schutz und Sicherheit:
- Gesetzessammlung Industriemeister GQ
- Gesetzessammlung Meister für Schutz und Sicherheit HQ
- Handlungsspezifische Qualifikationen Band 1 Schutz- und Sicherheitstechnik
- Handlungsspezifische Qualifikationen Band 2 Organisation
- Handlungsspezifische Qualifikationen Band 3 Führung und Personal

Fachkraft / Servicekraft für Schutz und Sicherheit:
- Gesetzessammlung Fachkraft für Schutz und Sicherheit
- Band 1 Lehrbuch Rechtsgrundlagen
- Band 2 Lehrbuch Umgang mit Menschen
- Band 3 Lehrbuch Dienstkunde / Sicherheitstechnik
- Band 4 Wirtschafts- und Sozialkunde

Geprüfte Schutz und Sicherheitskraft:
- Geprüfte Schutz- und Sicherheitskraft (Lehrbuch)
- Prüfungsvorbereitung Geprüfte Schutz- und Sicherheitskraft

Lexika für Sicherheitsmitarbeiter:
- Lexikon Deutsch - Russisch
- Lexikon Deutsch - Rumänisch
- Lexikon Deutsch - Türkisch
- Lexikon Deutsch - Polnisch (II/2016)

Waffensachkundeprüfung:
- Lehrbuch Waffensachkundeprüfung

Weitere Bücher zum Thema Sicherheit sind in Vorbereitung.

Aktuelle Informationen erhalten Sie unter:

Internet:	www.verlagshaus-zitzmann.de
Facebook:	www.facebook.com/verlagshauszitzmann
Twitter:	twitter.com/vh_zitzmann

Tarkan Bülbül, geb. 1976, ist Geschäftsführer eines Sicherheitsdienstes mit Sitz in Nürnberg, IHK geprüfter Meister für Schutz und Sicherheit, Ausbilder nach AEVO, Fachdozent für Sicherheit und Mitglied im Prüfungsausschuss Meister für Schutz und Sicherheit bei der IHK-Nürnberg.
Durch seine jahrelange Erfahrung, insbesondere im Bereich der Sicherheit, im Einzelhandel und Privatdetektei verfügt er über einen großen Erfahrungsschatz. Er bildete in den vergangenen Jahren eine Vielzahl von Detektiven im Einzelhandel, sachkundigen Mitarbeitern nach § 34a GewO und geprüften Schutz- und Sicherheitskräften aus. In Vorbereitungskursen zum Meister für Schutz und Sicherheit lehrt er unter anderem das Fach „Betriebswirtschaftliches Handeln".

Stefan Merz, geb. 1974, ist Diplom-Wirtschaftsingenieur (FH) und tätig im Bereich Controlling und Facility Management eines DAX-geführten Chemieunternehmens.
Seit 2008 ist er ferner als Dozent für das Fach Betriebswirtschaftslehre bei der IHK Ludwigshafen, im Bereich „Allgemeine Basisqualifikationen für Industriemeister der Fachrichtungen Lager und Logistik, Mechatronik und Schutz und Sicherheit" tätig.
Darüber hinaus ist er langjähriges Mitglied des Prüfungsausschusses Bürokaufleute der IHK in Heidelberg.

Haftungsausschluss:

Die Auswahl der Inhalte erfolgte mit großer Sorgfalt. Trotzdem kann nicht ausgeschlossen werden, dass in den Prüfungen Inhalte Thema sein können, die nicht in diesem Buch aufgeführt sind.
Der Verlag schließt für etwaige daraus resultierende Schäden (Nichtbestehen der Prüfung o.ä.) hiermit ausdrücklich jede Haftung aus, es sei denn, dass der Schaden aufgrund von Vorsatz oder grober Fahrlässigkeit eingetreten ist.

Sollten Sie Punkte vermissen oder sonstige Anregungen an uns haben, würden wir uns freuen, wenn Sie uns dies mitteilen.

Jörg Zitzmann, Äußere Sulzbacher Str. 37, 90491 Nürnberg
www.verlagshaus-zitzmann.de
info@verlagshaus-zitzmann.de
Tel: 0911/20555956

Layout: Helmut Hohl
Titelbild: © pressmaster - Fotolia.com

Der leichteren Lesbarkeit wegen verwenden wir häufig die männliche Form. Mit diesem einfacheren sprachlichen Ausdruck sind selbstverständlich immer Frauen und Männer gemeint.

ISBN 978-3-943370-18-8

Inhaltsverzeichnis

Seite

Vorwort zur 1. Auflage

Dieses Buch bereitet wirklich gezielt auf den Prüfungsstoff vor und enthält keinen Ballast, der vom Wesentlichen ablenkt.

Wie auch bei den anderen Büchern dieser Reihe, wurde auch dieses Buch nach genau drei Kriterien erstellt:

- Rahmenplan
- Prüfungsrelevanz
- Verständlichkeit

Der Rahmenplan ist frei zugänglich, die Prüfungsrelevanz wurde durch Auswertung aller frei erhältlichen Prüfungen seit 2006 sichergestellt.

Zudem hat der Autor, der die Prüfung selbst durchlaufen hat, beim Schreiben dieses Buchs großen Wert auf maximale Verständlichkeit gelegt, um den Lernaufwand zu minimieren.
Jeglicher Ballast, alle anderen Ausschmückungen wurden daher weggelassen.

Durch die Kombination dieser Bücher erhalten Sie kompakt genau das Wissen, das Sie zum Bestehen der Prüfung benötigen.

Viel Erfolg allen Nutzern dieses Buchs in der Prüfung!

Der Autor im September 2015

Tarkan Bülbül

1. Ökonomische Handlungsprinzipien, volkswirtschaftliche Zusammenhänge und ihre sozialen Wirkungen

1.1 Unternehmensformen und deren Einbindung in die Volkswirtschaft

Grundbegriffe

Wenn Betriebe mit dem Ziel geführt werden, Gewinne zu erzielen, werden Sie zu **Unternehmungen.**

Jede Unternehmung hat eine Rechtsform. Je nach Art, Größe und Zweck können für ein Unternehmen verschiedene Rechtsformen in Frage kommen.

Es gibt einige wichtige Kriterien für die Entscheidung über die richtige Rechtsform.

Eine wichtige übergeordnete Unterscheidung ist die zwischen **Privatrecht** und **öffentliches Recht.**

Privatrecht regelt bis auf Ausnahmen die Beziehungen (auch Geschäftsbeziehungen) zwischen Privatpersonen, worunter auch Kapitalgesellschaften (juristische Personen) fallen. Die in unserem Kontext wichtigsten Gesetze sind im Bürgerlichen Gesetzbuch (BGB), im Handelsgesetzbuch (HGB) und den Gesetzen über Handelsgesellschaften, im Urheberrecht sowie im Arbeitsrecht festgelegt.

Das öffentliche Recht regelt hingegen die Beziehungen zwischen den Behörden und zwischen Behörden und Privatpersonen. (Verfassungsrecht, Verwaltungsrecht, Strafrecht usw.)

Folgende Begriffe, welche uns im Folgenden auch als Erkennungskriterien einzelner Rechtsformen dienen werden, sollten zunächst zur Verständnis erläutert werden:

Firma

Dieser Begriff ist im § 17 HGB wie folgt definiert:

(1) Die Firma eines Kaufmanns ist der Name, unter dem er seine Geschäfte betreibt und die Unterschrift abgibt.

(2) Ein Kaufmann kann unter seiner Firma klagen und verklagt werden.
Im Idealfall sollte der Firmenname entweder den Namen des Inhabers oder einen Bezug zum Gegenstand des Unternehmens haben. Die Rechtsform muss im Firmennamen enthalten sein (z.B. Mustermann Security GmbH). Es sind aber auch Namen erlaubt, die keinen Bezug zu oben genannten ergeben. Irreführende Namen sind jedoch nicht erlaubt (z. B. darf ein Sicherheitsunternehmen nicht den Begriff "Unternehmensberatung" nutzen, auch wenn es Sicherheitsanalysen und Beratung in Sicherheitsfragen anbietet).

Geschäftsführung und Vertretung

Die **Geschäftsführung** betrifft das Innenverhältnis eines Unternehmens. Sie umfasst alle Aufgaben und die Verantwortung für die ordnungsgemäße und rechtskonforme Führung eines Unternehmens wie Weisungsbefugnis gegenüber Beschäftigten, strategische Entscheidungen treffen, die Einhaltung von Vorschriften und Einhaltung von Gesetzen verantworten usw.

Die **Vertretung** bedeutet die Handlungsbefugnis im Aussenverhältnis gegenüber Kunden, Lieferanten, Behörden usw.

Sofern im Unternehmen nichts anderes bestimmt und veröffentlicht ist, wird ein Geschäftsführer auch als vertretungsbefugt angesehen.

Haftung

Haftung bedeutet, für eine Schuld einzustehen. Je nach Rechtsform kann diese begrenzt werden.

Gesamtschuldnerische Haftung bedeutet, dass man gemeinsam mit anderen für eine Schuld einzustehen hat. Auch wenn im Innenverhältnis anderes geregelt ist. So haftet in einem solchen Fall jeder Einzelne nach außen für die Gesamtschuld und kann im Innenverhältnis die jeweiligen Anteile zurückverlangen. (§ 426 BGB).

Damit ist gewährleistet, dass ein Gläubiger bei mehreren Haftenden in einem Unternehmen nicht jeden Anteil einzeln eintreiben/verhandeln muss und somit geschützt wird.

Juristische Person

Menschen sind "natürliche Personen". Der Mensch ist laut Gesetz von Geburt an rechtsfähig. Die Geschäftsfähigkeit erlangt man stufenweise mit zunehmendem Alter.

Juristische Personen werden auf der Grundlage von Gesetzen durch Menschen "geschaffen". Es handelt sich hierbei um Einrichtungen, Betriebe oder Institutionen. Dazu muss für juristische Personen, die auf der Grundlage des privaten Rechts erschaffen werden, die Gründung in notariell beurkundeter Form vorliegen.

Eine juristische Person kann haften, verklagen und verklagt werden, auch wenn es sich hier nicht um einen Menschen handelt. Natürlich handeln sie nicht selbst, sondern durch ihre sogenannten **Organe** (s.u.).

Juristische Personen des privaten Rechts sind **Privatpersonen**.

Es gibt auch juristische Personen des öffentlichen Rechts. Diese erlangen ihren Status durch Gesetze. Sie sind rechtlich gesehen **Behörden** oder behördenähnlich, z.B. Industrie- und Handelskammern.

Menschen oder Gruppen, welche die Ausführung von Tätigkeiten für die juristischen Personen übernehmen, nennt man **Organe**, z.B. der Vorstand einer Aktiengesellschaft.

Handelsregister

Das Handelsregister ist ein öffentliches Verzeichnis, das Eintragungen wie Firma, Firmensitz, Rechtsform usw. über Kaufleute führt. Für die Handelsregister sind in Deutschland Amtsgerichte und Registergerichte zuständig.

Sie registrieren alle Firmen, die ein "Handelsgewerbe" betreiben. Ausnahmen sind nach dem Gesetz "Unternehmen, die nach Art und Umfang einen in kaufmännischer Weise eingerichteten Geschäftsbetrieb nicht erfordern“. Auch gewerbliche Unternehmen der "öffentlichen Hand", wie Landesbanken werden im Handelsregister geführt.

Land- und forstwirtschaftliche Betriebe sowie Kleingewerbebetreibende müssen sich nicht im Handelsregister eintragen lassen, sie dürfen dies jedoch durchaus. Dann gilt ihr Unternehmen mit allen rechtlichen Konsequenzen als Handelsgewerbe.

Seit 01.01.2007 sind unter anderem die Handelsregister elektronisch. Das heißt, dass alle Dokumente nur elektronisch zum Handelsregister eingereicht werden. Informationen über Einträge kann jedermann über die Internetseite www.unternehmensregister.de einsehen. Bestimmte Informationen sowie Ausdrucke sind gebührenpflichtig.

Nach diesen allgemeinen Erläuterungen sind nun die einzelnen Rechtsformen auch unter den oben genannten Kriterien zu erläutern.

1.1.1 Unternehmensformen

Die Einzelunternehmung (Einzelkaufmann)

Die häufigste Rechtsform für Kleinbetriebe ist die Einzelunternehmung. Die Unternehmung ist direkt an die Person des Einzelkaufmanns geknüpft, sie würde ohne die Person nicht existieren.

Dies muss in der Firma (Firmierung) unbedingt enthalten sein. In der Regel beinhaltet die Firmierung den Namen des Einzelkaufmanns und den Zusatz "Eingetragener Kaufmann", "Eingetragene Kauffrau", oder entsprechende Abkürzungen (e.K., e.Kfm, e.Kffr.).

Der Einzelunternehmer ist der Geschäftsführer und Vertreter der Unternehmung nach außen.

Der Einzelunternehmer steht für die Finanzierung der Investitionen alleine ein. Er haftet auch **alleine**, und zwar mit seinem **Gesamtvermögen**.

Möglichkeiten der Fremdfinanzierung sind gegebenenfalls begrenzt, da der Einzelkaufmann als Sicherheit nur sein eventuell geringes Privatvermögen bieten kann. Weiteres Kapital kann er durch Nichtentnahme von Gewinnen oder durch stille Gesellschafter erlangen. Stille Gesellschafter für diese Rechtsform zu finden ist jedoch sehr schwierig, da einerseits das Risiko für das eingesetzte Kapital vorhanden ist, auf der anderen Seite für den stillen Gesellschafter keinerlei Möglichkeiten bestehen, in der Geschäftsführung mitzuwirken oder gegen zu steuern.

Personengesellschaften GbR, PartG, OHG, KG

Personengesellschaften sind, wie der Name verrät, Unternehmungen, welche von natürlichen Personen geführt werden, bzw. auf deren Einsatz oder Einlagen basieren. Daher sind diese Gesellschaften keine juristischen Personen mit Organen.

Die Vorteile bestehen darin, dass durch mehrere Gesellschafter auch verschiedene Fähigkeiten gebündelt werden können. Darüber hinaus ist durch mehrere Gesellschafter natürlich auch ein höherer Eigenkapitaleinsatz als beim Einzelunternehmen möglich.

Auf der anderen Seite besteht aber auch die Gefahr, dass Gesellschafter in Bezug auf die Geschäftsführung grundsätzliche Meinungsdifferenzen haben können. Dies kann die Souveränität des Unternehmens beeinflussen.

In der Regel werden Entscheidungen durch Abstimmungen getroffen, wobei jeder Gesellschafter eine Stimme hat.

Nach Ausscheiden eines Gesellschafters (z.B. durch Tod) löst sich die Gesellschaft in der Regel auf, da sie an Einzelpersonen gebunden ist. Anderes kann im Gesellschaftsvertrag jedoch durchaus vereinbart werden.

Die Gesellschafter haften persönlich gegenüber Dritten.

Wenn im Gesellschaftsvertrag nichts anderes vereinbart ist, gelten entsprechende Regelungen aus BGB und HGB. Die Eintragung im Handelsregister muss nicht notariell beurkundet werden, lediglich die Unterschriften der Gesellschafter müssen beglaubigt sein.

Im Einzelnen sind folgende Personengesellschaften relevant:

Gesellschaft bürgerlichen Rechts (GbR)

Sie ist im BGB §§ 705 bis 740 geregelt, und wird daher auch "BGB-Gesellschaft" genannt. Sie ist die allgemeine Form der Personengesellschaften. Daher gelten ihre Regeln auch für andere Rechtsformen, wenn zu bestimmten Rechtsformen in bestimmten Fragen keine besonderen rechtlichen Regelungen vorliegen.

Diese Rechtsform wird in der Regel für einmalige, zeitlich begrenzte Unternehmungen verwendet, da Gründung und Auflösung unkompliziert und kostenlos sind. Beispiele hierzu sind Streckenbau, Hafenbau, Bankenkonsortium zur Aktienemmision.

Auch in sogenannten "freien Berufe" wird neben der eigens für sie geschaffenen

Rechtsform der **Partnerschaftsgesellschaft** dieser Rechtsform häufig angewandt. (Arztpraxen, Rechtsanwälte usw.)

Gewinne und Verluste werden in der Regel jeweils zu gleichen Anteilen (nach Köpfen) verteilt, wenn vertraglich nichts anderes geregelt ist.

Firma

Die GbR ist keine Handelsgesellschaft. Daher darf sie keine Firma führen. Es werden die Namen aller Gesellschafter angegeben.

Leitung / Vertretung

Folgende Regelungen gelten grundsätzlich, wie oben erwähnt. Das heißt, dass im Gesellschaftsvertrag immer anderes vereinbart werden kann.

Die Geschäftsführung darf von allen Gesellschaftern beansprucht werden. Jeder Geschäftsführer ist auch zur Vertretung nach außen befugt. Abstimmungen erfolgen nach Köpfen.

Nicht nach den Gesetzen, aber nach einem BGH-Urteil kann die GbR als eine juristische Person behandelt werden, was den Umgang mit Ihr erheblich erleichtert.

Finanzierung

Die Finanzierung erfolgt durch persönliche Leistungen der Gesellschafter in Bargeld, Sacheinlagen oder Arbeitsleistung. Nichtentnahme von Gewinnen erhöht das Firmenvermögen. Dies gehört allen zusammen.

Haftung

Jeder Gesellschafter haftet Dritten gegenüber unbeschränkt und gesamtschuldnerisch.
Dies bedeutet, dass jeder einzelne nach außen für die gesamte Schuld einzustehen hat. Danach kann im Innenverhältnis jeweils der Anteil an dieser Schuld geklärt werden.

Die Haftung kann nur dann beschränkt werden, wenn dies nach außen unmissverständlich erklärt wird. (Neben den Namen der Gesellschafter steht der Zusatz auf den Briefbögen " GbR mit Haftungsbeschränkung")

Die Partnerschaftsgesellschaft (PartG)

Wie oben erwähnt haben sich Angehörige der freien Berufe (z.B. Rechtsanwälte, Steuerberater, Ärzte, Architekten usw.) früher in der Rechtsform GbR zusammengeschlossen. Diese Rechtsform war jedoch für langfristige wirtschaftliche Zusammenschlüsse nicht wirklich geeignet. Da Zusammenschlüsse in anderen Rechtsformen des HGB auch viel zu aufwendig sind, wurde im Jahre 1994 das Gesetz über Partnerschaftsgesellschaften geschaffen. (PartGG)

Die Gründung und Auflösung dieser Gesellschaftsart ist relativ einfach und kostengünstig. Ein Partnerschaftsvertrag in Schriftform ist zwingend notwendig. Die PartG wird mit diesem Vertrag durch das Registergericht im Partnerschaftsregister eingetragen.

Nach dem PartGG können nur natürliche Personen Gesellschafter sein. Das Ausscheiden eines Partners löst die Gesellschaft nicht auf.

Firma

Der Name einer Partnerschaftsgesellschaft muss den Namen mindestens eines Partners und den Zusatz "und Partner" oder "Partnerschaft" enthalten. Ferner müssen alle in der Partnerschaft vertretenen Berufe angegeben sein, z.B. "Rechtsanwälte Mustermann und Partner".

Leitung/Vertretung

Ein bestimmter Partner kann durch den Partnerschaftsvertrag von der Geschäftsführung ausgeschlossen werden, jedoch nicht von der Ausübung seiner beruflichen Tätigkeit in der Partnerschaft. Ebenso kann die Vertretung auf bestimmte Partner beschränkt werden. Diese Umstände sind in der Eintragung im Partnerschaftsregister festgelegt und für die Gesellschaft bindend. Wenn nichts geregelt ist, sind die §§ 125-127 HGB anzuwenden.

Abstimmungen erfolgen auch hier nach Köpfen, wenn nichts anderes im Partnerschaftsvertrag bestimmt ist.

Finanzierung

Die zu leistenden Beiträge und die Verteilung der Gewinne und Verluste sind durch den Vertrag geregelt. Wenn hier nichts geregelt ist, gelten §§ 110-119 HGB.

Haftung

Die Gesellschaft haftet zuerst mit dem Gesellschaftsvermögen. Daneben haften alle Partner persönlich und gesamtschuldnerisch. § 8 PartGG und §§ 129,130 HGB.

Die Haftung eines Partners, welcher von der Geschäftsführung und Vertretung ausgeschlossen ist kann beschränkt werden. Dies muss aber im Register eingetragen sein.

Die offene Handelsgesellschaft (OHG)

Diese Rechtform zeichnet sich durch mindestens 2 Gesellschafter aus, wobei alle Gesellschafter unbeschränkt haften (§ 105 HGB "...wenn bei keinem der Gesellschafter die Haftung gegenüber Gesellschaftsgläubigern beschränkt ist").

Sie muss beim zuständigen Registergericht (je nach Firmensitz) angemeldet werden. Die Anmeldung muss Namen, Vornamen, Geburtsdatum und Wohnort aller Gesellschafter sowie Firma und Sitz der Gesellschaft enthalten.

Nachteile:
Mögliche Uneinigkeit bei Grundsatzfragen oder Entscheidungen zwischen den Gesellschaftern, begrenzte Finanzierungsmöglichkeiten, persönliche Haftung aller Gesellschafter unbeschränkt.

Vorteile:
Geringe Gründungskosten, freie Gestaltungsmöglichkeiten, gemeinsame Interessensvertretung mehrerer Partner.
Der Jahresgewinn wird, sofern sie ausreicht auf die Kapitaleinlagen einzelner Partner mit je 4 % des Kapitalanteils verteilt (verzinst). Der Rest, oder auch der Verlust, wird zu gleichen Anteilen verteilt. Es können andere Regelungen vertraglich vereinbart werden.

Firma

Die Firma muss die Bezeichnung "Offene Handelsgesellschaft" oder die Abkürzung "OHG" enthalten.

Eine OHG muss nicht nur natürliche Personen als Gesellschafter haben. Diese können durchaus auch juristische Personen - also Kapitalgesellschaften - sein. Wenn keine natürliche Person unbeschränkt haftet, so muss die Firma auch einen Zusatz enthalten, der die Haftungsbeschränkung verdeutlicht. (§ 19 Abs. 2 HGB)

Leitung / Vertretung

Zur Leitung und Vertretung sind alle Gesellschafter berechtigt und verpflichtet, wenn im Gesellschaftsvertrag nichts anderes bestimmt ist. Ein Gesellschafter kann von der Geschäftsführung ausgeschlossen werden, hat aber auch dann Kontrollrechte.

Finanzierung

Die Finanzierung erfolgt durch Eigenkapital der Gesellschafter. Durch mehrere Gesellschafter ist die Erbringung von sowohl mehr Eigenkapital, als auch Fremdkapital auf Basis der beleihbaren Vermögen der Gesellschafter möglich.
Hier kann die Nichtentnahme von Gewinnen ebenfalls zur Erhöhung des Eigenkapitals führen.

Haftung

Alle Gesellschafter haften uneingeschränkt und gesamtschuldnerisch. Dies birgt das Risiko, dass ein Gesellschafter für Fehlentscheidungen eines anderen nach außen zunächst vollumfänglich haften muss. Für Handlungen eines nicht vertretungsberechtigten Gesellschafters haften die anderen dann nicht, wenn der Ausschluss im Handelsregister eingetragen ist.

Die Kommanditgesellschaft (KG)

Diese Rechtsform ist ähnlich wie die OHG. Der Unterschied liegt daran, dass es hier zwei verschiedene Arten von Gesellschaftern gibt.

Komplementäre sind die Gesellschafter, die persönlich unbeschränkt haften. **Kommanditisten** haften nur mit Ihrer Kapitaleinlage (Kommanditeinlage). Sie sind vergleichbar mit stillen Gesellschaftern in der Einzelunternehmung.

Die KG muss mindestens einen Komplementär haben. Alle Kommanditisten müssen zusätzlich im Handelsregister "mit der Bezeichnung des Kommanditisten und der Höhe der Einlage" eingetragen werden.

Diese Rechtsform ist für Familienunternehmen gut geeignet, in denen von den Nachfolgegenerationen nur einer oder bestimmte Personen als Komplementär die Geschäftsführung und die volle Haftung übernimmt / übernehmen, während alle anderen Erben als Kommanditisten lediglich eine Gewinnbeteiligung erhalten.

Firma

Die Firma muss die Bezeichnung "Kommanditgesellschaft", oder die Abkürzung "KG" enthalten. Wenn der Komplementär eine juristische Person ist, muss dies aus dem Firmennamen hervorgehen.

Wenn beispielsweise das Unternehmen Mustermann GmbH als Komplementär agiert, so würde die KG folgendermaßen bezeichnet werden:
Mustermann GmbH & Co KG

Leitung/Vertretung

Die Leitung und Vertretung werden von den Komplementären wahrgenommen. Die Kommanditisten sind von diesen Berechtigungen ausgeschlossen.

Finanzierung

Die Finanzierung erfolgt durch Eigenkapital der Komplementäre und den Einlagen der Kommanditisten.

Wenn das Unternehmen durch gute Rentabilität für Anleger attraktiv ist, können weitere Kommanditisten herangezogen und so das Kapital erhöht werden.

Fremdkapitalbeschaffung hängt von der Beleihbarkeit der Vermögen der Komplementäre und der Höhe der Kommanditeinlagen ab.

Haftung

Komplementäre haften persönlich, unbeschränkt und gesamtschuldnerisch.
Die Kommanditisten haften in der Höhe Ihrer Kommanditeinlagen.

Die Komplementäre müssen keine natürlichen Personen sein. So kann z.B. eine GmbH (juristische Person) als Komplementär agieren mit dem Vorteil, dass die Haftung rein rechtlich auf das Vermögen der GmbH beschränkt ist. Bei Fremdkapitalbeschaffung kommt es in der Praxis jedoch häufig vor, dass das Vermögen der Kapitalgesellschaft nicht ausreicht. In diesen Fällen werden die Gesellschafter der GmbH mit Ihrem persönlichen Vermögen eine Bürgschaft übernehmen müssen, um beispielsweise Kredite zu erhalten.

Kapitalgesellschaften

Kapitalgesellschaften sind juristische Personen mit allen Rechten und Pflichten.

Sie benötigen sogenannte **Organe**, um zu Handeln. Bei den Organen handelt es sich um natürliche Personen.

Neben dem Handelsrecht ist bei Kapitalgesellschaften das Mitbestimmungsrecht bei der Zusammensetzung der Organe zu beachten.

Abstimmungen erfolgen nach den jeweiligen Kapitaleinlagen und nicht zu gleichen Anteilen, wie es bei Personengesellschaften oft üblich ist.

Nicht die natürlichen Personen, sondern die Gesellschaft als juristische Person haftet. Die Haftung ist beschränkt, auf der anderen Seite gibt es aber jeweils ein gesetzlich festgelegtes Mindestkapital, das zur Gründung vorausgesetzt wird.

Kapitalgesellschaften müssen immer im Handelsregister eingetragen werden, da Sie als Handelsgesellschaften gelten.

Die Existenz oder der Status der Kapitalgesellschaften sind nicht von natürlichen Personen abhängig. Sie bestehen z.B. weiter fort, wenn Anteilseigner sterben oder Ihre Anteile verkaufen.

Kapitalgesellschaften, die mindestens 2 der 3 unten genannten Kriterien erfüllen, sind zur Veröffentlichung ihrer Jahresabschlüsse verpflichtet:

Bilanzsumme	65 Millionen €
Umsatz	130 Millionen €
Arbeitnehmer	Mehr als 5000

Kapitalgesellschaften werden nach bestimmten Kriterien in die Kategorien "klein", "mittelgroß" und "groß" gegliedert. Auch hier gilt, dass nachhaltig 2 der 3 Kriterien erfüllt sein müssen. Hieraus ergeben sich bestimmte Pflichten.

Größenklassen

	klein	**mittelgroß**	**groß**
Bilanzsumme	< mittelgroß	4,840 - 19,25 Mio.€	> mittelgroß
Umsatz	< mittelgroß	9,680 - 38,50 Mio. €	> mittelgroß
Arbeitnehmer	bis 50	über 50 bis 250	über 250

Die bekanntesten Kapitalgesellschaften sind die GmbH und AG, welche im Folgenden erörtert werden.

Gesellschaft mit beschränkter Haftung (GmbH)

Das Eigenkapital der GmbH ist in der Regel wesentlich geringer als das der Aktiengesellschaft.

Eine GmbH kann durch eine oder mehrere Personen errichtet werden. Sie hat in der Praxis wenige Gesellschafter. Sie ist rechtlich von Gesellschafterwechsel nicht abhängig, doch das Ausscheiden eines Gesellschafters wirkt sich hierdurch massiv auf das Kapital aus.

Sie zeichnet sich vor allem durch die beschränkte Haftung aus. Die GmbH haftet nämlich nur mit dem Gesellschaftsvermögen. Dagegen steht aber die Vorschrift, dass eine GmbH ein Mindestkapital von 25.000 € haben muss. Auch sehr große Unternehmen können diese Rechtsform haben. (z.B. Robert-Bosch GmbH, ca. 50 Milliarden € Jahresumsatz)

Die Anmeldung im Handelsregister beinhaltet:

- Firma, Stammkapital und Anteile der Gesellschafter
- Geschäftsführer mit ihren Befugnissen.

Firma

Die Firma muss die Bezeichnung "Gesellschaft mit beschränkter Haftung", oder eine Abkürzung (GmbH) beinhalten.

Wie bereits oben erläutert, müssen Kapitalgesellschaften Organe haben, da sie selbst keine natürlichen Personen sind.

Organe

1. Gesellschafterversammlung

Dies ist das oberste Organ der GmbH. Sie trifft alle grundlegenden Entscheidungen durch Abstimmungen. Die Stimmen werden nach Kapitalanteilen verteilt. Entscheidungen bedürfen einer einfachen Mehrheit. Änderungen im Gesellschaftsvertrag bedürfen allerdings eine 3/4 - Mehrheit.

Wesentliche Aufgaben der Gesellschafterversammlung sind:

- Feststellung des Jahresabschlusses, Verwendung des Ergebnisses
- Bestellung und Abberufung der Geschäftsführer
- Kontrolle der Geschäftsführung
- Bestellung von Prokuristen und Bevollmächtigten
- Vertretung der Gesellschaft in Prozessen gegen Geschäftsführer

2. Geschäftsführer

Eine GmbH muss mindestens einen Geschäftsführer haben. Dieser kann ein Gesellschafter oder eine Person von außen sein. Der Geschäftsführer hat neben der laufenden Geschäftsführung auch die Buchführungspflicht und die Vertretung der Gesellschaft.

3. Aufsichtsrat

Bei mehr als 500 Mitarbeitern ist die Gesellschaft verpflichtet, einen Aufsichtsrat zu haben. Kleinere Unternehmen können, aber müssen dies nicht.

Wie der Name verrät, hat der Aufsichtsrat die Aufgabe, die Geschäftsführung zu beaufsichtigen. Sie ist aber in der Geschäftsführung nicht aktiv tätig.

Finanzierung

Die GmbH muss bei der Gründung mindestens 25.000 € vorweisen. Dies nennt man "Stammkapital". Die Einlagen der Gesellschafter, welche das Stammkapital bilden, nennt man " Stammeinlage".
Jede Stammeinlage muss mindestens 100 € betragen. Höhere Beträge müssen durch 50 teilbar sein. Die Einlage muss nicht bar erfolgen. Auch Grundstücke, Maschinen usw. können als Einlage dienen. Diese sind mit dem Wert im Gesellschaftsvertrag aufgeführt.

Geldentnahmen aus einer GmbH im laufenden Geschäft sind im Gegensatz zu Personengesellschaften nicht möglich. Die Gesellschafter erhalten in der Regel Gehalt, oder Gewinnausschüttung nach Jahresabschlüssen. Der Verkauf der Anteile erfordert eine Gesamtbewertung des Unternehmens.
Daher verändert sich das Gesellschaftsvermögen in der Regel im Laufe der Jahre. Die Jahresgewinne, welche zur Stammeinlage hinzukommen, werden zunächst nicht versteuert. Bei Gewinnausschüttung oder Verkauf werden diese als Einkommen der Gesellschafter als natürliche Personen jeweils versteuert (Einkommenssteuer).

Das beleihbare Gesellschaftsvermögen kann zur Fremdfinanzierung als Sicherheit genutzt werden. Sollte dies etwa für einen Kredit nicht ausreichen, so übernehmen häufig die Gesellschafter Bürgschaften mit ihrem Privatvermögen. Hier ist aber der Vorteil der Haftungsbeschränkung praktisch nicht mehr gegeben.

Eine seit 2008 durch den Gesetzgeber ermöglichte Alternative zur GmbH mit einem Stammkapital von 25.000 € ist die sogenannte **"Unternehmergesellschaft" (UG)**.

Ähnlich wie die "Limited", welche unter anderem in England üblich ist, kann man mit einer Bargeldeinlage von mindestens 1,00 € als symbolische und buchhaltungstechnische Stammeinlage eine UG Gründen. Sacheinlagen sind nicht erlaubt. Nach der Gründung müssen jedoch jedes Jahr mindestens 25 % der Gewinne als Rücklage eingestellt werden, bis die Rücklagen 25.000 € erreichen. Dann kann nach einem Kapitalerhöhungsbeschluss die Firmierung in eine "GmbH" umgewandelt werden.

Die Firmierung muss den Zusatz "Unternehmergesellschaft", oder die Abkürzung "UG" und den Hinweis "Haftungsbeschränkt" beinhalten. Diese Rechtsform wird zwar oft belächelt und suggeriert bei vielen fälschlicherweise mangelnde Größe oder Professionalität. In der Praxis hilft es aber vielen Neugründern, auf dem Markt Fuß zu fassen, um in kürzester Zeit auch entsprechend ihres Erfolgs eine GmbH zu gründen.

Aktiengesellschaft (AG)

Die AG ist bekannt als Rechtsform für große und kapitalstarke Unternehmen. Durch Verkauf von Aktien können weltweit große Summen als Kapital beschafft werden. Wegen seiner großen Bedeutung gibt es eigens für die AG ein Gesetz (AktG).

Der Gesellschaftsvertrag wird hier "Satzung" genannt. Eine oder mehrere Personen gründen die AG als Gesellschafter und legen die Satzung fest. Diese muss notariell beurkundet werden.

Um eine AG zu gründen ist ein Kapital von mindestens 50.000 € erforderlich. Dies wird in Form von Aktienübernahme eingelegt. Dieses Kapital wird in der AG "Grundkapital" genannt.

Die Anmeldung erfolgt beim zuständigen Registergericht durch alle Gesellschafter, Mitglieder und Aufsichtsrat, § 36 AktG. Danach werden die zunächst von den Gründern übernommenen Aktien von einem Bankenkonsortium auf breiter Fläche (nicht selten weltweit) verkauft.

Die Geschäftsanteile nennt man Aktien. Diese können sehr leicht verkauft, vererbt oder verschenkt werden. Die AG als Kapitalgesellschaft wird von Gesellschafterwechsel in seiner Form nicht beeinträchtigt.

Firma

Die Firma muss die Bezeichnung "Aktiengesellschaft" oder die Abkürzung "AG" enthalten (§4 AktG).

Organe

1. Vorstand

Der Vorstand wird vom Aufsichtsrat bestellt.

Die Aufgaben umfassen die Geschäftsführung und Vertretung in eigener Verantwortung. Der Vorstand hat eine Berichtspflicht und muss daher dem Aufsichtsrat über folgende Punkte berichten:

- Über den Gang der Geschäfte (mindestens vierteljährlich)
- über Eigenkapitalrentabilität, Geschäftspolitik und andere Grundsatzfragen (jährlich)

Weitere Aufgaben sind die Buchführung, die Aufstellung und Veröffentlichung des Jahresberichts und die Einberufung der Hauptversammlung.

2. Aufsichtsrat

Der Aufsichtsrat ist das Kontrollorgan der AG. Wie oben erwähnt, bestellt er den Vorstand und überwacht diesen.

Er kann bestimmte Geschäfte, die in der Regel vom Tagesgeschäft abweichenden oder grundsätzlichen Fragen wie Grundstücksverkäufe, von seiner Zustimmung abhängig machen.

Wenn es notwendig ist, kann auch der Aufsichtsrat eine Hauptversammlung einberufen.

Er vertritt die AG in Rechtstreitigkeiten gegenüber dem Vorstand.

Er darf keine Geschäftsführertätigkeiten wahrnehmen.

Der Aufsichtsrat besteht, je nach Größe der Gesellschaft, aus 3 bis 21 Mitgliedern. Die Anzahl der Mitglieder muss durch 3 teilbar sein. Mindestens die Hälfte der Aufsichtsratsmitglieder wird von den Aktionären gewählt, um ein Gleichgewicht bei der Interessensvertretung zu gewährleisten.

3. Hauptversammlung

Die Hauptversammlung wird mindestens einmal jährlich durch den Vorstand, und in besonderen Fällen auch durch den Aufsichtsrat einberufen. Hier können alle Aktionäre teilnehmen. Sie können durch Ihr Stimmrecht an der AG mitwirken. Es wird über folgende Fragen abgestimmt:

- Wahl der Aufsichtsratsmitglieder (siehe oben, Aufsichtsrat)
- Abstimmung über die vom Vorstand vorgeschlagene Verwendung des Gewinns (z.B. Dividendenausschüttung)
- Bestellung des Abschlussprüfers
- Grundsatzfragen wie Änderungen in der Satzung, Kapitalerhöhung usw.

Für Beschlüsse wird in der Hauptversammlung eine einfache Mehrheit der anwesenden Aktienanteile benötigt. Für eine Änderung in der Satzung oder eine

Kapitalveränderung ist eine 3/4 - Mehrheit nötig (qualifizierte Mehrheit). Es kann aber auch eine höhere notwendige Mehrheit in der Satzung vereinbart sein.

Finanzierung

Das Grundkapital von mindestens 50.000 € steht am Anfang fest. Dieses Kapital wird in Aktien zerstückelt. Es gibt die sogenannte Nennbetragaktien, welche mit einem Nominalwert von mindestens 1 € bewertet sind. Der Wert muss immer durch 1 € teilbar sein. Außerdem gibt es auch sogenannte Stückaktien. Hier wird das Grundkapital in mehrere, gleiche Anteile verteilt.

Diese Aktien werden dann an den Märkten gehandelt. Je nach Bewertung der AG und Erwartungen an die Entwicklung der AG oder der Aktien, verändern sich die Werte der Aktien (Aktienkurs).

Die gesetzlichen Märkte, an denen mit Aktien gehandelt werden, sind der geregelte (regulierte) Markt und der Freiverkehr.

Die AG kann aber auch im Rahmen des beleihbaren Gesellschaftsvermögens Kredite aufnehmen.

Der Gewinn kann zur Selbstfinanzierung einbehalten oder anteilig an die Aktionäre ausgezahlt werden (Dividende).

Haftung

Die AG haftet gegenüber Gläubigern mit dem gesamten Gesellschaftsvermögen. Dieses Vermögen ist nicht mit dem Nominalwert des Grundkapitals zu verwechseln. Wie oben beschrieben, kann aufgrund von Einschätzungen oder Zukunftserwartungen der Nominalwert vom tatsächlichen Vermögen abweichen.

Der wesentliche Vorteil der AG ist, dass, obwohl die anfänglichen Gründungsschritte wie auch die Aktienemission teuer sind, man weltweit Zugang zu großem Kapital hat.

Durch die vielen Vorschriften ist man auch als Gründer einer AG irgendwann nicht mehr der Herr in seinem eigenen Unternehmen. Das erweist sich für kleine und mittlere Unternehmen häufig als Nachteil.

Andere Rechtsformen

Genossenschaft

Genossenschaften sind Zusammenschlüsse von mehreren Personen, welche durch einen Statut und Eintragung ins Genossenschaftsregister eine Juristische Person erschaffen.

Ihre Organe sind Generalversammlung, Vorstand und Aufsichtsrat.

Die Genossenschaft zeichnet sich dadurch aus, dass sie nicht zur Gewinnerzielung, sondern der Selbsthilfe der Mitglieder dient. Jedes Mitglied (Genosse) muss eine Pflichteinlage einzahlen. Bei Austritt erhält dieses sein Geschäftsguthaben ausbezahlt.

Öffentliche Betriebe

- **Regiebetriebe** sind Betriebe, welche direkt durch Behörden geführt werden. Öffentliche Schulen, städtische Krankenhäuser, Büchereien sind einige Beispiele.
- **Eigenbetriebe** entstehen, wenn Regiebetriebe wirtschaftlich verselbständigt werden, ohne eine eigene Rechtspersönlichkeit zu erhalten. Sie Verwalten sich eigenständig.
- **Körperschaften, Anstalten, Stiftungen** sind selbständige Einrichtungen und juristische Personen des öffentlichen Rechts.

Beispiele:
- **Körperschaft:** Industrie- und Handelskammern, Handwerkskammern, Deutsche Rentenversicherung, Berufsgenossenschaften. Sie haben **Mitglieder**.
- **Anstalten:** Öffentliche Rundfunkanstalten, ARD, ZDF. Sie kann man gegen Gebühr **nutzen.**
- **Stiftungen:** Beispiel: Stiftung Warentest. Sie werden zu einem bestimmten Zweck **gestiftet.**

Europäische wirtschaftliche Interessensvertretung (EWIV)

Aufgrund von nationalen Unterschieden in rechtlichen und steuerlichen Punkten wurde diese Rechtsform durch die EU geschaffen, um die wirtschaftliche Tätigkeit innerhalb der EU zu erleichtern.

Die Aufgabe der EWIV ist, Hemmnisse und Probleme zwischen den Mitgliedsstaaten in bestimmten Fällen festzustellen, zu verdeutlichen und bei der Überwindung dieser zu helfen.

Sie ist in dem Staat, in welchem sie gegründet wurde, in das vorgesehene Register einzutragen. Der Name muss den Zusatz "Europäische wirtschaftliche Interessensvertretung" beinhalten.

Vergleich, Auflösung, Liquidation

Wenn ein Unternehmen in Schwierigkeiten gerät, beispielsweise durch Absatzschwierigkeiten, fehlerhafte Unternehmensführung o.ä., so können Zahlungsschwierigkeiten auftreten. In solchen Fällen muss zunächst alles, was man nicht unmittelbar zur Betriebsfortführung benötigt, veräußert werden, um liquide zu werden. Ausgaben und Kredite sollten auch reduziert werden. Denn bei Zahlungsschwierigkeiten droht die Insolvenz.

Der erste Schritt, um dies Abzuwenden kann ein **Vergleich** sein. Hierbei wird zwischen Gläubiger und Schuldner ein Teilerlass der Schulden vereinbart. Der Sinn hierbei ist, dass der Schuldner den Schuldbetrag auf eine Höhe herabsetzen lässt, welche er auch tatsächlich bedienen kann, während für den Gläubiger zumindest die Sicherheit der schnellen und bevorzugten Tilgung der Schulden gewährleistet wird, auch wenn er dafür eben auf einen Teil seiner Forderungen verzichten muss. Bevor er überhaupt nichts erhält, erhält er wenigstens schnell und sicher einen Teil seiner Forderung.
Die **Auflösung** eines Unternehmens kann verschiedene Gründe haben:

- Die vorher bestimmte Zeit für das Unternehmen ist abgelaufen
- Der Zweck des Unternehmens ist erfüllt
- Der Unternehmer oder die Gesellschafter beschließen die Auflösung (z.B. aus Altersgründen
- Tod eines Einzelunternehmers oder eines Gesellschafters bei Personengesellschaften
- Kündigung eines Gesellschafters aus wichtigem Grund
- Insolvenzverfahren
- Auflösung durch Gerichtsentscheid

Bei Personengesellschaften wird das Vermögen nach der Auflösung veräußert. Dies nennt man **Liquidation**. Hiermit werden die verbleibenden Schulden bedient. Wenn danach etwas übrig bleibt, wird dieser Rest unter den Gesellschaftern nach Geschäftsanteilen verteilt.

Bei Kapitalgesellschaften hat ein Insolvenzverfahren nicht zwingend die Auflösung zur Folge. Vielmehr ist bei sogenannter Eigenverwaltung, wenn der Schuldner selbst die Insolvenz beantragt, das Ziel, das Unternehmen zu sanieren, die Gläubigerstellung zu stärken, und die vorhandene Insolvenzmaße gerecht und ohne Rangfolge unter den Gläubigern zu verteilen. Die Gesundung und Fortbestand des Unternehmens nach der Insolvenz wird hier als Hauptziel in den Vordergrund gestellt.

Gründe für eine Insolvenz sind Zahlungsunfähigkeit, drohende Zahlungsunfähigkeit oder Überschuldung. Für Einzelheiten siehe § 1, 17-19 InsO.

Nach der Eröffnung eines Insolvenzverfahrens wird das gesamte Vermögen einem Insolvenzverwalter unterstellt. Die Gläubiger melden ihre Forderungen bei diesem "zur Tabelle" an. Er hat die Aufgabe, die bestmögliche Bedienung der Gläubiger und die Sanierung des Unternehmens vorzuschlagen. Die Gläubigerversammlung entscheidet letztendlich über das weitere Vorgehen.

Auch Privatpersonen können beim zuständigen Amtsgericht Insolvenz beantragen. Bei überschuldeten Privatpersonen ist dies nicht selten der einzige Ausweg aus einer lebenslangen "Schuldenfalle".

1.1.2 Unternehmenskonzentrationen

Richtungen und Methoden

Konzentrationen sind **Zusammenschlüsse** von Unternehmen, wobei diese ihre wirtschaftliche und rechtliche Selbständigkeit ganz oder teilweise verlieren, auch wenn sie strukturell keine Veränderungen erleben. Z.B. behalten bei Konzentrationen von Aktiengesellschaften diese jeweils ihre eigenen Organe, obwohl sie rechtlich nicht mehr selbständig sind. Eine Konzentration basiert rechtlich gesehen auf ein Vertrag oder Anteilserwerb.

Erklärung zum Anteilserwerb:

Durch den Erwerb von mindestens 25% der Aktien einer AG hat man bereits eine sogenannte **Sperrminorität**, das bedeutet, dass bestimmte Entscheidungen wie Satzungsänderung u. a. verhindert werden können. Ab 50% der Aktien hat man durch das Beherrschen der geschäftspolitischen Entscheidungen einen großen Einfluss. Ab 75% beherrscht man auch die Hauptversammlung.

Hinsichtlich der Art der Zusammenschlüsse gibt es drei Möglichkeiten:

Horizontaler Zusammenschluss

Dies liegt vor, wenn sich Unternehmen gleicher Art mit gleicher Produktions- oder Handelsstufen zusammenschließen, z.B. zwei Brauereien oder Automobilhersteller.

Vertikaler Zusammenschluss

Dies ist dann gegeben, wenn sich Unternehmen verschiedener Produktions- oder Handelsstufen zusammenschließen, die sich ergänzen, z.B. ein Automobilteilehersteller mit einem Automobilhersteller).

Diagonaler Zusammenschluss

Diese werden auch **Konglomerat** genannt. Hier schließen sich verschiedene Unternehmen zusammen, welche hinsichtlich Produktion oder Handel nichts mit einander zu tun haben, z.B. ein Automobilhersteller und ein Früchtegroßhandel.

Bei einer **Kooperation** hingegen arbeiten Unternehmen wirtschaftlich zusammen, ohne Ihre rechtliche Eigenständigkeit zu verlieren. Die Kooperation kann kurz- oder langfristig sein. In größerem Umfang werden sie gerne auch "Joint Venture" genannt.

1.1.3 Konzentrationsformen

Im Folgenden verschiedene bekannte Konzentrationsformen vorgestellt.

Konsortium

Dies ist eine horizontale Zusammenarbeit zur Durchführung eines bestimmten Vorhabens, quasi für eine einzige Aufgabe auf bestimmte Zeit (Rechtsform GbR). Ein Bankenkonsortium zur Aktienemmission ist ein sehr gutes Beispiel hierfür (siehe Aktiengesellschaft).

Kartell

Nach dem Gesetz zu Wettbewerbsbeschränkungen sind Kartelle grundsätzlich verboten, wobei es Ausnahmen hierzu gibt. Der Grund hierfür ist, dass sich ein Kartell in der Regel auf eine Absprache und Einschränkung des Wettbewerbs richtet. In diesem Fall muss der Schutz der Verbraucher und Verhinderung von Wucherpreisen vorrangig gewährleistet sein.

Kartelle werden in drei Kategorien behandelt:

1. Verbotene Kartelle

- Preiskartell (einheitliche Preise, Preisabsprachen),
- Quotenkartelle (Festlegung der maximalen Produktion oder Absatz),
- Gebietskartelle (Aufteilung der Absatzgebiete),
- Syndikat (gemeinsames Verkaufsbüro, z.B. eine Handelsgesellschaft für den Absatz der Waren von mehreren Unternehmen)

2. Erlaubnispflichtige Kartelle

- Rationalisierungskartell (Produktionsabsprachen)
- Exportkartell, wenn es sich auf das Inland auswirkt
- Importkartell
- Strukturkrisenkartell
- "Ministerkartell". Dies kann vom Wirtschaftsminister genehmigt werden, wenn es dem Gemeinwohl dient.

3. Meldepflichtige Kartelle

- Konditionskartell (einheitliche Liefer- und Zahlungsbedingungen)
- Rabattkartell (einheitliche Rabatte, dadurch transparente Preise)
- Angebots- und Kalkulationskartell (wie oben)
- Exportkartell, wenn es sich auf das Inland nicht auswirkt.

Interessensgemeinschaft

Diese entsteht meistens in Form einer GbR zur Wahrung gemeinsamer Interessen mehrerer Unternehmen. Je nach Vertragsgestaltung wird die Selbständigkeit der Unternehmen beeinträchtigt. Ein berühmtes Beispiel sind Gewinngemeinschaften, welche durch Gewinnausgleich unter den Unternehmen zu Steuerersparnissen führen.

Konzern

Hier bleibt die rechtliche Selbstständigkeit der Unternehmen bestehen. Wirtschaftlich jedoch sind sie vollkommen abhängig und stehen unter gemeinsamer Leitung.

Konzerne sind grundsätzlich erlaubt, können jedoch auch vom Bundeskartellamt untersagt werden, wenn eine marktbeherrschende Stellung des zu entstehenden Konzerns zu befürchten ist.
Aktuelles Beispiel: Die Übernahme von **Tengelmann** durch die **EDEKA** wurde im April 2015 untersagt.

Diese Form kann ebenfalls durch Vertrag, Anteilserwerb oder Kauf von Beteiligungen entstehen.

Es gibt zwei Konzern-Typen:

- Gleichordnungskonzern
  Wie der Name sagt, sind die Unternehmen in dem Konzern gleichgestellt (Schwestergesellschaften)
- Unterordnungskonzern
  Hier gibt es eine Mutter- und eine Tochtergesellschaft.

Wenn sich mehrere Unternehmen mit verschiedenen Unterordnungsverhältnissen zusammenschließen, spricht man von einem **Mischkonzern.**

Trust

Trust ist die engste Form von Zusammenschluss mit einer ausgeprägten zentralen Leitung. Die rechtliche Selbstständigkeit kann hier ganz aufgehoben sein.

Es gibt verschiedene Arten:

- Holdinggesellschaft
  Hier gibt es eine Holding als Dachgesellschaft. Sie hat die Mehrheitsanteile und steuert den Trust mit Zielvorgaben für einzelne Bereiche (auch Profit-Center genannt)
- Fusion
  Hier werden Unternehmen entweder zu einem neuen Unternehmen verschmolzen oder ein Unternehmen übernimmt ein anderes.

Auswirkungen von Konzentrationen

Rationalisierung

In nahezu allen Bereichen im Unternehmen, wie Beschaffung, Produktion, Entwicklung usw. ermöglichen Konzentrationen Kosteneinsparungen, welche sich im Produktpreis bemerkbar machen.

Einschränkung des Wettbewerbs

Wenn ein Unternehmen eine marktbeherrschende Stellung erlangt, so kann das den Wettbewerb einschränken. Die Folge können höhere Preise und weniger Angebotsvielfalt sein. Ab 25 % Marktanteil schreitet in der Regel das Bundeskartellamt ein, da ab hier von der marktbeherrschenden Stellung gesprochen wird.

Für Beschäftigte sind Konzentrationen immer ein Anlass zur Sorge um die Arbeitsplätze, Strukturen und Konditionen. Jede große Veränderung bringt Ängste mit sich.

Bei internationalen Konzentrationen (Globalisierung) können wirtschaftlich schwache Länder von Wissens- und Kapitaltransfer profitieren, andererseits können hierdurch mögliche Fehlentwicklungen auch weltweit verbreitet werden.

Nun ist erkennbar, dass eine Konzentration positive Auswirkungen haben kann, aber eben auch negative. Bei der Größe der Unternehmen und der Komplexität der Strukturen in diesen Fällen liegt es auf der Hand, dass jede Konzentration für sich geprüft werden muss.

1.1.4 Internationalisierung, Globalisierung

Die Internationalisierung und die Globalisierung schreiten seit Jahrzehnten unaufhaltsam voran. Kaum ein Thema wird in der Welt so kontrovers diskutiert, wie dieses. Hier soll die Globalisierung der Wirtschaft, deren Gründe und Auswirkungen erörtert werden.

Durch die technologischen Fortschritte, welche in einer rasanten Geschwindigkeit im Gange sind, ist der Kapital- und Warenverkehr sehr schnell und einfach zu bewältigen.

In gleicher Weise hat sich auch die Mobilität von Personen entwickelt. Es ist für Politiker, Geschäftsleute oder Führungskräften heute keine Seltenheit, innerhalb von wenigen Tagen mehrere Termine in verschiedenen Ländern und Kontinenten wahrzunehmen.

Durch die Verbreitung und stetige Weiterentwicklung der Digitalisierung und des Internets können sowohl Informationen und Daten ausgetauscht, als auch Marketing (Werbung) zum Teil in Sekunden verbreitet werden. So werden heutzutage viele Verträge online geschlossen, Rechnungen verschickt und auch die Bezahlung findet in zunehmendem Maße "online" statt.

Große Unternehmen und Industrieländer sehen in der Globalisierung natürlich Chancen, weltweit Zugriff auf günstige Ressourcen zu erhalten und neue Absatzmärkte zu erschließen.

Globalisierungskritiker sind der Meinung, dass die Entwicklung der jüngsten Zeit zur Ausbeutung insbesondere der Entwicklungsländer durch starke Länder oder vielmehr durch die internationalen Großkonzerne, aber auch zur Schwächung der Bürger aller Länder und der ungerechten Verteilung der Vorteile aus der Globalisierung geführt hat.

Auch wenn dieses Thema hier kurz und nur aus der Sicht der Wirtschaft angeschnitten wird, soll erwähnt werden, dass die Globalisierung als ganzheitliches Thema analysiert werden muss, da Politik und Wirtschaft oft unzertrennbar zusammenwirken.
So sehen viele Experten starke Zusammenhänge zwischen den politischen Krisen in einigen Regionen der Welt und den Interessen der Wirtschaft in diesen Regionen.

Die Vorteile werden darin gesehen, dass durch die Wechselwirkung auch wirtschaftlich schwächere Länder in den weltweiten Absatzmärkten ihre Waren und Dienstleistungen anbieten, und so Armut und soziale Ungerechtigkeit im eigenen Land beseitigen können. Auch die Auslagerung von Arbeitsplätzen durch große Konzerne in andere Länder wird von den Befürwortern als ein Vorteil zur gerechteren Verteilung des Wohlstands in der Welt betrachtet.

1.2 Hauptfunktionen in Unternehmen

Funktionen

Die Funktionen im Unternehmen kann man in zwei Kategorien betrachten. Diese sind:

- Kernfunktionen
- Ergänzungsfunktionen

Kernfunktionen

Sie sind die Funktionen im Mittelpunkt und bilden den Kern eines Unternehmens. Andere Funktionen (Ergänzungsfunktionen) werden benötigt, um die Kernfunktionen in Gang zu bringen und richtig zu steuern.

Beschaffung

Zur Produktion benötigte Rohstoffe, Material, usw. müssen zunächst beschafft werden. Die einzelnen Schritte oder Aufgaben der Beschaffung kann man wie folgt gliedern:

- Internes bestellen - Einzelne Bereiche, Abteilungen bestellen Ihren Bedarf im Einkaufsbüro im Unternehmen
- Externes Bestellen - Das Einkaufsbüro bestellt den Bedarf bei Lieferanten. Hierbei wird auf günstige Preise geachtet.
- Ware Annehmen - Die Lieferung wird auf Vollständigkeit und äußerliche Unversehrtheit geprüft und angenommen (meistens unter Vorbehalt)
- Ware prüfen - Die Detailprüfung nach technischen Vorgaben, Qualitäts-Standards usw.
- Lagerung - die Ware wird bis zum Gebrauch gelagert. Hierbei können eine Vielzahl an Anforderungen anfallen (materialgerecht und sachgerecht Lagern, Diebstahl verhindern).
- Lagerbestand bereithalten - Die Ware wird zur Abholung, je nach Bedarf und Art, zum Beispiel in bestimmten Mengeneinheiten bereitgestellt.

Produktion

Die später zu verkaufende Ware wird produziert. Diese Funktion ist die zentrale Funktion. Das Ziel ist, möglichst kostengünstig, aber unter Einhaltung der

Qualitätsanforderung zu produzieren. Es gibt verschiedene Fertigungstypen:

- Massenfertigung - Wenn eine große Menge an gleichartigen Produkten Absatz findet, kommt dieser Produktionstyp in Frage. Die Fertigung wird einmalig präzise vorbereitet. Beispiel hierfür ist die **Fließbandproduktion.** Auf der einen Seite ist diese Produktion günstig, auf der anderen Seite aber nicht flexibel.
- Sortenfertigung und Reihenfertigung - Hierbei werden große Mengen von Produkten hergestellt, die sich in der Art sehr ähnlich sind, aber kleine Unterschiede aufweisen, z.B. Textilien, verschiedene T-Shirts des gleichen Modells mit unterschiedlichen Farben.
- Kuppelfertigung - Wenn mit der Herstellung eines Produktes gleich auch andere Produkte hergestellt werden oder anfallen, z.B. Gewinnung von Brennholz beim Verschnitt von Bauholz.
- Serienfertigung - Verschiedene Produkte in unterschiedlichen Serien, z.B. Elektrogeräte, Waschmaschinen und Trockner.
- Chargenfertigung, auch Partiefertigung genannt. Bei Produkten, deren Qualität oder Typ sich verändern kann, wird die Fertigung in Chargen aufgeteilt. Innerhalb der Charge sind die Produkte weitestgehend identisch, z.B. Fußböden, Laminat, Parkett.
- Einzelfertigung - Jedes Produkt, auch wenn gleiches Modell, ist einzigartig, weil es einzeln gefertigt wird, z.B. Schiffbau, Handfertigung z.B. von Maßanzügen usw.

Absatz

Diese Funktion umfasst die Vorbereitung in Form von Marktanalysen, Kundenwerbung und das Einholen von Aufträgen.

Diese Schritte ergeben auch die Anforderungen an die Produktion. Das Organisieren des Absatzes nach der Fertigung ist ein weiterer zentraler Punkt. Zu den Aufgaben nach der Produktion gehören das Verwalten des Fertigproduktlagers, Ausstellen von Lieferscheine und Rechnungen, Versand, Transport zum Kunden usw.

Ergänzungsfunktionen

Leitung

Sie ist der Träger von Führungsentscheidungen. Sie wird durch Inhaber oder

Geschäftsführer ausgeführt. Im Wesentlichen kann man ihre Aufgaben in vier Punkten gliedern:

1. **Zielsetzung** - sogenannte monetäre Ziele (Gewinn- und Umsatzmaximierung, Kostenminimierung, Rentabilität) und nicht-monetäre Ziele (Arbeitsplatzschaffung- und Erhaltung, Umweltfreundlichkeit, Marktanteile, Machtgewinnung usw.)
2. **Planung -** die richtige Planung ist unabdingbar für Qualität und Erfolg in allen Funktionen
3. **Organisation -** Aufgaben erteilen, Befugnisse übertragen, Zusammenarbeit regeln
4. **Kontrolle -** überprüfen ob und inwieweit die Ziele erreicht wurden. Bei Abweichungen müssen Gründe erforscht und Korrekturen vorgenommen werden

Verwaltung

Sie sichert die Funktionsfähigkeit des Unternehmens (Rechnungswesen, Personalabteilung, Archiv, Buchhaltung usw.)

Forschung & Entwicklung

Wie oben erwähnt, sind diese Funktionen notwendig, um die Kernfunktionen überhaupt zu ermöglichen. Auf diese Funktionen wird im Einzelnen bei den Kapiteln Aufbau- und Ablauforganisation eingegangen.

Die sozialen Funktionen

Ein Unternehmen sieht heutzutage, im Gegensatz zu der vergangenen Industrialisierung, seine Beschäftigten nicht mehr als Untertanen, sondern als Mitarbeiter und einen festen Bestandteil. Auch aus der Sicht der Mitarbeiter ist im Idealfall ein Zugehörigkeitsgefühl zu verzeichnen.

Der Arbeitgeber spielt eine sehr große Rolle im Leben und im Umfeld der Mitarbeiter. Heutzutage werden in Unternehmen in Deutschland soziale Engagements immer populärer wie z.B. firmeneigene Kinderbetreuung, Gründung von Stiftungen usw.

In diesem Zusammenhang sind auch die Beziehungen der Unternehmen zu Ihrem unmittelbaren Umfeld zu erwähnen. Nicht selten haben Unternehmen eigene Abteilungen für Imagepflege (PR - Public Relations).

Wechselwirkungen

Alle Funktionen zusammen bilden erst eine Einheit - das Unternehmen - und stehen unvermeidlich in diversen Beziehungen zueinander.

Die Leitung als Kontroll- und Organisationsfunktion steht mit allen anderen Funktionen in Beziehung. Die Qualität der Funktionen hängt natürlich wesentlich von der Qualität der Leitung und Organisation ab.

Die Funktion Forschung & Entwicklung steht in unmittelbarer Beziehung zur Funktion Absatz, da neben der technischen Entwicklung eines Produkts auch eine Marktanalyse erstellt werden muss, um die Machbarkeit und die Erfolgschancen bei einem neuen Produkt zu ermitteln.

Ebenso hängt die Beschaffung, wie oben erwähnt, auch einerseits von der Verwaltung und Leitung ab, da diverse Entscheidungen und Genehmigungen zum Einkauf erforderlich sein können, andererseits ist sie auch mit der Produktion eng verknüpft. Die Produktion gibt direkt interne Bestellungen an die Beschaffung und beeinflusst den Einkauf auch durch die Geschwindigkeit und Effizienz in der Materialverwertung.

Der Absatz und die Produktion stehen ebenfalls in einer direkten wechselseitigen Beziehung. Zum einen richtet sich die Produktion nach dem Absatz, zum anderen kann der Absatz etwa durch Fehler in der Produktion negativ beeinträchtigt werden.

1.3 Produktionsfaktor Arbeit

1.3.1 Formen der Menschlichen Arbeit

Die menschliche Arbeit kann man in zwei Kategorien aufteilen:

Dispositive Arbeit

Sie ist meist Führungsarbeit. Die Aufgaben der **Leitungsfunktion** (siehe oben) finden hier ihre Anwendung. Sie muss objektbezogene Arbeit, Betriebsmittel und Werkstoffe optimal zu einem Fertigungsprozess kombinieren.

Objektbezogene Arbeit

Sie beinhaltet manuelle, geistige oder operative Arbeit.

- Manuelle Arbeit - Am Werkstück, z.B. an der Maschine, am Fließband etc.
- Geistige Arbeit – Z.B. Entwurf, Konstruktion, Dienstplan erstellen usw.
- Operative Arbeit - Teils manuelle, teils geistige Arbeit, z.B. Verkauf, Verwaltung usw.

1.3.2 Bedingungen der menschlichen Arbeitsleistung und deren Einflussfaktoren

Die Arbeitsleistung hängt von vielen Faktoren ab. Diese kann man in drei Punkten gliedern:

- **Der Arbeitende -** Sowohl die **Leistungsfähigkeit** (Fachkenntnis, Begabung, Erfahrung, körperliche Fähigkeit), als auch die **Leistungsbereitschaft** sind gleichermaßen essenziell.
- **Der Arbeitsplatz -** Die Gestaltung des Arbeitsplatzes ist ein ebenfalls sehr wichtiger Faktor. Sie muss insbesondere ergonomisch so gestaltet sein, dass zusätzliche, unnötige Anstrengungen wie zu niedrige Arbeitstische oder zu lange Laufwege vermieden werden. Das Ziel soll eine möglichst fließende Tätigkeit sein.
- **Das Umfeld -** Zusätzlich zum Arbeitsplatz muss auch das gesamte Umfeld, z.B. Licht, Temperatur, Lärmpegel usw. optimal gestaltet sein, um maximale Leistung zu ermöglichen. In diese Kategorie fallen auch das **Betriebsklima** (Führungsstil, Harmonie unter Kollegen) und die **organisatorische Zuverlässigkeit** des Systems. Z.B. ständig veränderte Arbeitspläne verursachen oft Unsicherheit und verringern die Motivation.

1.3.3 Beurteilungsmerkmale des menschlichen Leistungsgrades

Der Leistungsgrad ist das Verhältnis zwischen der zu erbringenden- und der tatsächlich erbrachten Leistung.

Die Leistung des Menschen ist sehr schwer ausschließlich durch objektive Bewertungen oder Messungen möglich. Vor einer Bewertung sollte unbedingt sichergestellt sein, dass der Arbeitende geeignet und ausreichend eingearbeitet bzw. geübt ist.

Gleichzeitig muss der Beurteilende genug Wissen und Erfahrung besitzen, um die Normalleistung als Basis einschätzen zu können.

In einer zunehmend mit Maschinen und Computern automatisierten Industrie nimmt der Anteil der manuellen Arbeit durch Menschen ~~durch~~ immer weiter ab. Da die Leistungsbeurteilung im klassischen Sinne meist auf Zeit basiert, ist bei teil- oder ganzautomatisierten Vorgängen eine Beurteilung nur bedingt möglich.
Die Bedeutung der menschlichen Arbeit nimmt jedoch mit dieser Entwicklung nicht ab. Vielmehr wird sie von der manuellen, objektbezogenen Arbeit zu dispositiver Arbeit verlagert. Die Arbeit heutzutage stellt neue, höhere geistige Anforderungen an den Arbeitenden.

1.4 Produktionsfaktor Betriebsmittel

1.4.1 Begriff und Bedeutung von Betriebsmittel

Der Produktionsfaktor Betriebsmittel, auch "Anlagen" genannt, besteht aus Grundstücken, Gebäuden, Maschinen und Maschinenanlagen.

Er trägt mit der technologischen Entwicklung zunehmend zur Steigerung des Leistungsgrades bei und bewirkt, dass trotz mehr Warenerzeugung weniger menschliche Arbeit benötigt wird. Neben der Effizienz und Geschwindigkeit der Produktion hat der zunehmende und optimierte Einsatz an technischen Anlagen einen weiteren Vorteil. Sich wiederholende und ermüdende Arbeit kann durch Maschinen über längere Zeiträume gleichmäßig und ohne Qualitätsverlust verrichtet werden.

Beschaffung von Betriebsmitteln

Durch Investitionen in Betriebsmittel wird Kapital gebunden. Dies wird auch "Fixkosten-Problem" genannt. Bei der Beschaffung und Nutzung von Betriebsmitteln muss darauf geachtet werden, dass das Kapital nicht verschwendet oder sinnlos gebunden wird.

Neben der Überlegung, durch gezielte Analysen und Planung geeignete Betriebsmittel zu beschaffen, sollte auch eine optimale Nutzung der Betriebsmittel gewährleistet werden.

Die Betriebsmittel können schon technisch veraltet sein, noch bevor sie abgenutzt sind.

- Wird die Anlage unter Kapazität betrieben, kann sie sich nicht amortisieren. (Unnötige Kapitalbindung)
- Wird sie über Kapazität betrieben, kann dies zu hohem Verschleiß führen. Dann müssen die Anlagen teuer repariert oder neu angeschaffen werden. Aus wirtschaftlicher Sicht sind diese unnötigen Kosten natürlich zu vermeiden.

1.4.2 Die Notwendigkeit von Investitionen

Der technische Fortschritt vollzieht sich in immer kürzeren Frequenzen und zwingt Unternehmen, sich anzupassen. Denn der Wettbewerbsdruck,

Anforderungen der Gesellschaft und der Gesetze wie Arbeitsplatzsicherheit, Umweltschutz etc., stellen zwingende Bedingungen an ein Unternehmen, deren Nichterfüllung unter Umständen die Existenz gefährden kann.

Investitionen sind nicht selten durch Fremdkapital zu finanzieren. Daher müssen diese sowohl für das wirtschaftliche Wohl der Unternehmen gründlich erwogen werden, als auch für Kapitalgeber interessant sein. Für diese ist eine Investition nur dann interessant, wenn sie angemessen verzinst wird.

Allgemein kann man Investitionen in drei Kategorien betrachten:

- **Sachinvestitionen -** zur Errichtung, Erhaltung, Erweiterung von Anlagen, wie Maschinenanlagen, Werkzeuge, Gebäude usw.
- **Finanzinvestitionen** - Beteiligungen an Unternehmen oder verzinsliche Wertpapiere
- **Immaterielle Investitionen** - Forschung & Entwicklung, Werbung, PR, Personalentwicklung, soziale Leistungen wie betriebliche Altersvorsorge usw.

1.4.3 Auswirkungen von Investitionen auf Mitarbeiter und Produktionsabläufe

Seit der Industrialisierung ist ein Konflikt zwischen der Rationalisierung der Produktion und sozialen Problemen der betroffenen Menschen zu verzeichnen. Einerseits ermöglichen uns zusätzliche und günstige Erzeugnisse mehr Wohlstand, zumindest im Hinblick auf den Konsum, andererseits wird der Faktor menschliche Arbeit immer mehr durch Betriebsmittel verdrängt. Wenn Arbeitsplätze verschwinden, hat dies einen doppelten Effekt. Einerseits belastet es die Arbeitslosenversicherung und damit die Sozialsysteme, andererseits wird die Arbeitskraft immer billiger, sodass der Überfluss an Erzeugnissen doch nicht von allen Teilen der Gesellschaft in Anspruch genommen werden kann.

Andererseits können aber durch Investitionen auch neue Arbeitsplätze geschaffen werden, welche in der Regel höhere geistige Anforderungen an die Arbeitenden stellen. So ist ein Trend von manueller objektbezogener Arbeit hin zu dispositiver Arbeit zu verzeichnen. Um mit dieser Entwicklung schritthalten zu können, müssen sich Unternehmen und Arbeitnehmer durch Weiterbildungen, Umschulungen und Fortbildungen den Neuerungen und Entwicklungen anpassen.

1.5 Produktionsfaktor Werkstoffe

Der Begriff "Werkstoffe" wird auch in der REFA in einem anderen Kontext mit einer anderen Bedeutung genutzt (in folgenden Kapiteln).

Bei Werkstoffen handelst es sich um Roh-, Hilfs- und Betriebsstoffe.

Rohstoffe – Material, das als wesentlicher Bestandteil in das Produkt einfließt.

Hilfsstoffe - Bestandteile, die in kleineren Mengen in das Produkt einfließen. Wie der Name schon sagt, werden diese als Hilfsmaterial verwendet, z.B. Schweißdraht, Leim, Klebestoff usw.

Betriebsstoffe - Sind im Produkt nicht enthalten, werden jedoch für die Produktion benötigt, beispielsweise Energieträger wie Gas, Benzin oder Antriebsstoffe, Reinigungs- und Schmiermittel etc.

Die Kapitalbindung bei Werkstoffen ist nicht so gravierend wie bei den Betriebsmitteln. Dafür werden diese häufiger umgeschlagen, das heißt häufiger bestellt und geliefert. Dies erfordert eine gute Organisation, optimale zeitliche Planung und eine ständige Beobachtung der Marktpreise.

Die schwierige Aufgabe bezüglich der Werkstoffe besteht darin, die Lagermengen so klein wie möglich zu halten, um die Kapitalbindung zu verringern. Gleichzeitig muss man permanent die benötigte Menge an Werkstoffen bereithalten, um Verzögerungen und Wartezeiten bei der Produktion zu verhindern. Ein sogenannter "eiserner Bestand" sollte dies sichern. In der Regel wird so viel Werkstoff vorrätig gehalten, dass im schlimmsten Fall bis zur Dauer der regulären Lieferzeit weiter produziert werden kann.

Die Preise für Werkstoffe, insbesondere Energierohstoffe steigen stetig und unterliegen ständig Schwankungen aufgrund der wirtschaftlichen und politischen Weltkonjunktur. Daher sind alle Unternehmen stets bemüht, den Energieverbrauch zu senken. Auch der Umweltaspekt spielt hier eine große Rolle. In unserer Zeit werden Energieeffizienz und Minimierung der Umweltbelastungen auch staatlich gefördert.

Durch den Prozess der kontinuierlichen Verbesserung (KVP) sollte versucht werden, Werkstoff und Energieverluste auf ein Mindestmaß zu reduzieren. Verluste wegen Materialfehlern und Schwund können durch gezielte und sorgfältige Kontrollen verhindert werden.

Verluste durch Ausschuss und Verschnitt sind in der Fertigung eine wesentlicher, möglichst zu verhindernder Faktor. Optimale Produktionsprozesse, richtige Auswahl und Einstellung der Maschinen und gewissenhafte menschliche Arbeit können diese Art von Verlust reduzieren.

Energie kann durch ineffiziente Benutzung verschwendet werden. Hier ist der Begriff "Wirkungsgrad" zu erwähnen. Dieser drückt aus, zu wie viel Prozent der eingesetzte Energierohstoff die gewünschte Energie erzeugt. Wenn z.B. Stromerzeugung als Ziel gesetzt ist, sollte der Wirkungsgrad über 90% liegen, um möglichst wenig Verlust durch Abwärme oder Reibung zu haben.

Neben Einsparungen ist die Werkstoff-Wiedergewinnung ein weiterer, effizienter Weg, sowohl ökonomisch, als auch ökologisch den Umgang und den Verbrauch der Energie- und Werkstoffe zu optimieren (Recycling).

Es gibt vier Formen von Recycling:

- **Wiederverwendung -** Werkstoffe wie Paletten, Flaschen usw. werden eingesammelt und direkt wiederverwendet. Sie sind Gebrauchsstoffe und verändern sich nicht durch ihren Einsatz. Hierbei ist das Rückholen und Sammeln jedoch zum Teil kostenintensiv.
- **Weiterverwendung -** Die Werkstoffe oder deren Nebenprodukte werden für einen anderen Zweck weitergenutzt, z.B. Abwärme bei Stromerzeugung wird zum Heizen verwendet.
- **Wiederverwertung -** Die gebrauchten Werkstoffe werden aufbereitet und zum gleichen Zweck wieder genutzt, z.B. Papier / Altpapier). Da sie bei der Aufbereitung an Qualität verlieren, sind die Werkstoffe nicht unendlich wiederverwertbar.
- **Weiterverwertung -** Die Werkstoffe werden aufbereitet, können aber nicht zum ursprünglichen Zweck genutzt werden. Stattdessen werden Sie anderweitig weitergenutzt, z.B. Kunststoffe, die nicht sortenrein getrennt wurden, werden als Kunststoffgemisch in anderen Bereichen genutzt.

Ein weiterer, mittlerweile unabdingbarer Weg der Effizienz ist die Nutzung erneuerbarer Energien (Solar-, Wasser,- Windenergie sind die bekanntesten).

2. Grundsätze betrieblicher Aufbau- und Ablauforganisationen

2.1 Aufbauorganisation

Der Begriff "Organisation" wird im Alltag mit unterschiedlichen Bedeutungen verwendet.
In der Betriebswirtschaftslehre hat sich zu diesem komplexen Thema im Laufe der Zeit ein eigenständiges Lerngebiet entwickelt.

Eine bekannte Definition nach Hambusch ist:
"Organisation ist die Gestaltung von Systemen zur Erfüllung von Daueraufgaben".

Eine Aufgabe, die immer wiederkehrt und gestaltet, also in Teilaufgaben oder Arbeitsschritten zerlegt werden kann, und ein System, also das Zusammenwirken von Personen und Maschinen nach festgelegten Regeln sind demnach vorhanden, bevor wir überhaupt organisieren können.

Man nennt Systeme, die aus Menschen und Maschinen bestehen auch "Sozio-technische Systeme" (siehe Abbildung).

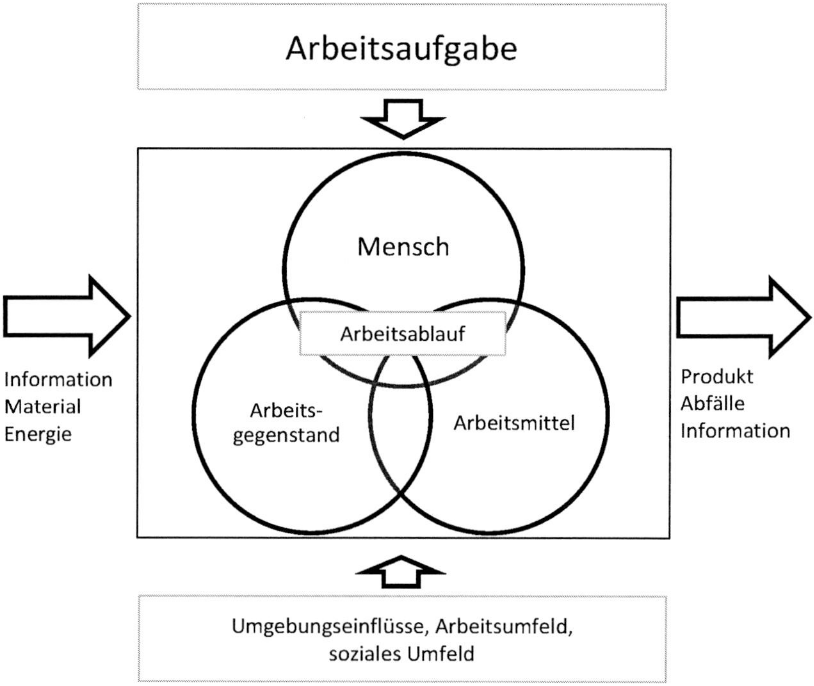

Abb.: Arbeitssystem, sozio-technisches System

Eine Organisation erfordert sinnvollerweise Planung. Das System und die Bestandteile dessen müssen zeitlich und örtlich geplant und geregelt werden, um eine reibungslose Durchführung von wiederkehrenden Aufgaben zu ermöglichen. Bei einmaligen Aufgaben ist die Organisation meist nicht möglich oder sinnvoll. Hier tritt die "Improvisation" an ihre Stelle.

Die Organisation des Systems und die Festlegung der Struktur dessen wird **Aufbauorganisation** genannt.

Unter **Ablauforganisation** ist die Organisation des Ablaufs und der Schritte innerhalb eines Systems zu verstehen.

2.2 Bedeutung von Leitungsebenen

Wesentliche Hierarchie und Organisationseinheiten

Entsprechend Ihrer Aufgaben benötigen einzelne Stellen in einer Organisation bestimmte Befugnisse und Rechte und haben auf der anderen Seite bestimmte Pflichten, kurz gefasst **Kompetenzen**:

- **Ausführungskompetenz -** Die Kompetenz zur Erledigung der Aufgaben nach vorher bestimmten Regeln.
- **Verfügungskompetenz -** Das Recht, bestimmte Informationen, Hilfsmittel, Materialien außerhalb des eigenen Arbeitsplatzes hinzuzuziehen.
- **Antragskompetenz** – Das Recht, durch Anträge Entscheidungen anzustoßen
- **Mitsprachekompetenz** – Das Recht, mit zu entscheiden, mit zu beraten.
- **Entscheidungskompetenz** – Das Recht, über Maßnahmen und Richtlinien zu entscheiden.
- **Anordnungskompetenz** – Das Recht, Anweisungen erteilen, andere zu bestimmten Handlungen bringen.
- **Stellvertretungskompetenz** – Das Recht, das Unternehmen nach außen zu vertreten (siehe "Rechtsformen").

Diese Kompetenzen werden durch **Stellen** beansprucht. Man unterscheidet zwischen folgenden Stellenarten:

- **Ausführende Stellen** - Stellen mit ausführungs- und Verfügungskompetenzen. Sie haben in der Regel keine weiterführenden Rechte. Sie erhalten bestimmte Aufgaben und Anordnungen. Gesellen, Facharbeiter, Sachbearbeiter fallen unter diese Kategorie.
- **Dienstleistungsstellen** - Sie beschaffen Informationen als Basis für Entscheidungen der Leitung.
- **Stabstellen** - Sie erörtern die Informationen, um anhand dieser Entscheidungsvorschläge oder Alternativen auszuarbeiten.
- **Instanzen** - Entscheidungsstellen. Wie ersichtlich, arbeiten die oberen beiden Stellen in der Regel den Instanzen zu.

Die genannten Stellen stehen in einem Über- und Unterordnungsverhältnis zueinander. Dies nennt man **Hierarchie**. In der Regel nimmt der Anteil der dispositiven Arbeit zu, je weiter oben die Stelle in der Hierarchie gesiedelt ist. Umgekehrt ist der Anteil der ausführenden Arbeit umso größer, je weiter unten die Stelle angesiedelt ist.

Organisationssysteme

Die Aufbauorganisation beinhaltet die hierarchischen Beziehungen zwischen den Stellen und Bereichen im System sowie die direkten Kommunikations- und Informationswege.

Die wichtigsten Organisationssysteme sind:

1. Einliniensystem

Es ist das klassische Organisationssystem. Die Hierarchie geht gewohntermaßen von oben nach unten. Jede Stelle hat nur einen direkten Vorgesetzten und kann nur von diesem Weisungen entgegennehmen. Umgekehrt ist sie nur dieser einen übergeordneten Stelle gegenüber verantwortlich. Auch Meldungen und direkte Kommunikation finden nur entlang dieser Linien in beiden Richtungen statt.

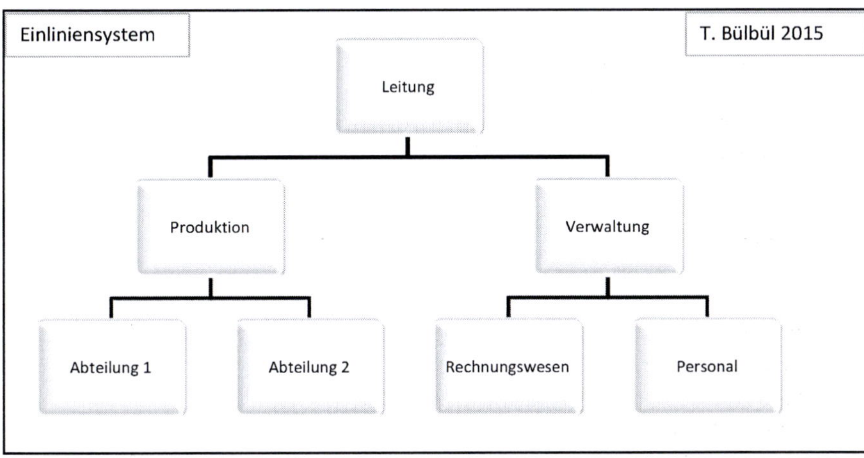

Abb.: Einliniensystem

Vorteile:

- Straffe und übersichtliche Organisation
- Eindeutige Dienstwege und Kompetenzbereiche
- Gute Kontrollmöglichkeiten für vorgesetzte
- Einfache Zuordnung von Verantwortung

Nachteile:

- Zum Teil (zu) lange Dienstwege. Das kann Zeitverlust oder Verwässerung der Anweisungen, Informationen und Beschwerden führen.

- Starke Belastung von Vorgesetzten, die alle Informationen der untergeordneten Stellen verarbeiten müssen.
- Gefahr der Überorganisation, keine Flexibilität.
- Motivationsverlust bei untergeordneten Mitarbeitern

Dieses System kann als funktionale Organisation aufgebaut werden. Hier handelt es sich um Unternehmen, die entweder nur ein Produkt fertigen oder bei denen die Umstellung der Fertigung bei mehreren Produkten nicht besonders groß ist.

Spartenorganisation

Die zweite Möglichkeit ist die divisionale Organisation (Spartenorganisation). Hierbei spricht man von einer Aufteilung nach dem Objektprinzip. Sie ist geeignet für Mehrproduktunternehmen, die relativ verschiedene Produkte fertigen. Das heißt, nach der Leitungsebene werden für verschiedene Produkte eigene Sparten organisiert.

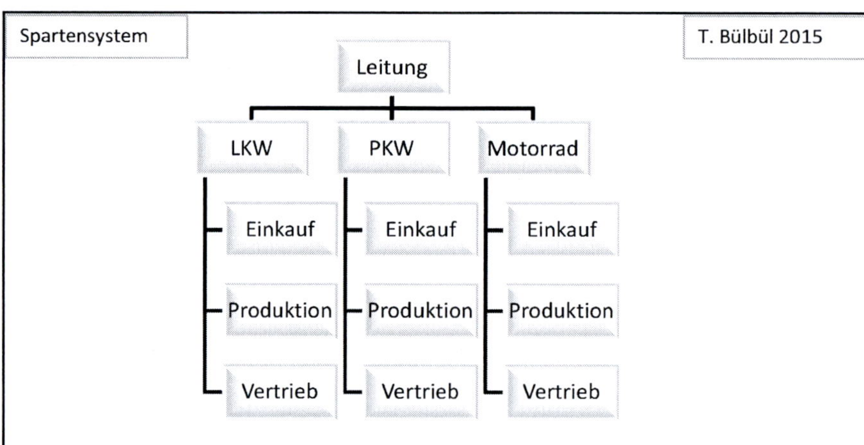

Abb.: Spartenorganisation

Stabliniensystem

Stabliniensysteme sind auch Einliniensysteme mit dem Unterschied, dass bei einzelnen Stellen zusätzlich zu den untergeordneten auch noch horizontal verbundene Stellen hinzukommen können. Diese Stellen nennt man "Stab". Sie haben keine Stellung in der Hierarchie, sondern versorgen die Stelle, der sie zugeordnet sind, mit Informationen und beraten diese. Sie haben keine Weisungsbefugnis.

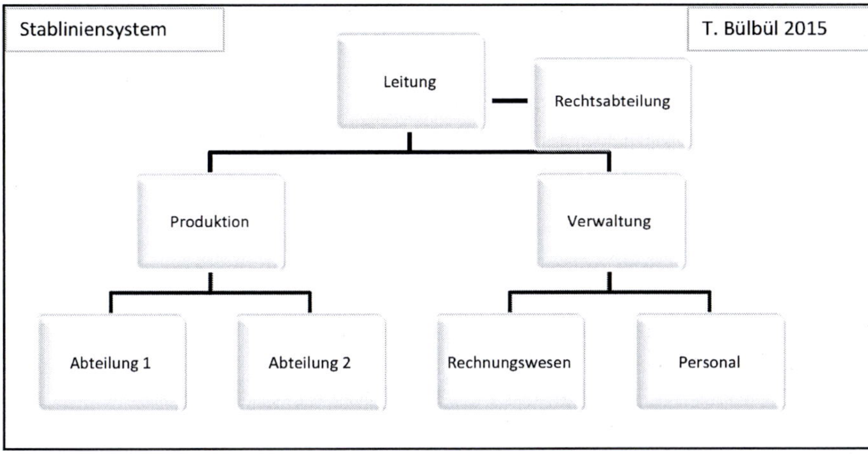

Abb.: Stabliniensystem

Vorteil dieses Systems ist die Entlastung der Instanzen bei Einhaltung der Dienstwege.

Der Nachteil besteht in der fachlichen Abhängigkeit von den Stäben, die häufig nicht für die Folgen der Entscheidungen einstehen müssen.

Mehrliniensystem

Der Grundgedanke hierbei ist, dass die übergeordneten Stellen, jeweils im eigenen Fachbereich spezialisiert, und allen untergeordneten Stellen, unabhängig voneinander weisungsbefugt sind. Jede übergeordnete Stelle hat einen speziellen Kompetenzbereich, die Zuständigkeiten sind klar abgegrenzt.

Vorteile:

- Möglichkeit der Spezialisierung in Funktionsbereichen
- Kurze Dienstwege
- Motivation der Mitarbeiter
- Besseres Betriebsklima

Nachteile:

- Unübersichtliche Organisation, schlechte Kontrolle
- Verunsicherung bei Unklarheit über Kompetenzbereiche
- Verunsicherung der untergeordneten Stellen bezüglich der Zuständigkeiten
- Koordinationsprobleme zwischen den Funktionsbereichen

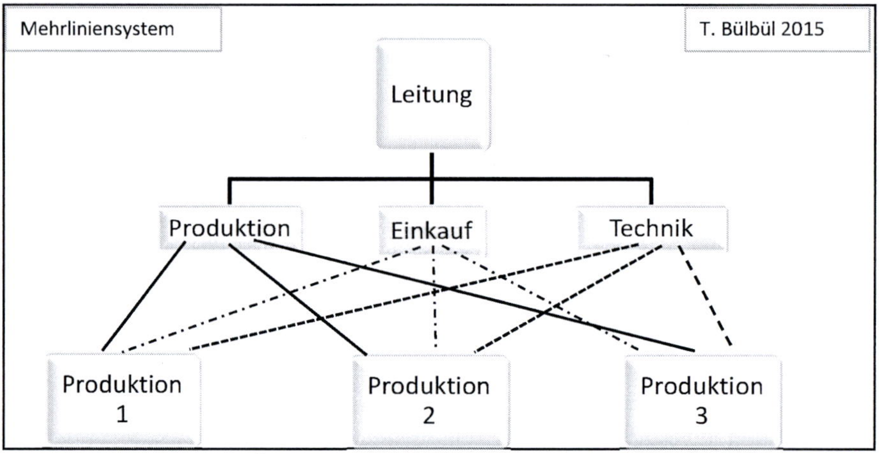

Abb.: Mehrliniensystem

Matrixsystem

Das Matrixsystem hat einen zweidimensionalen Aufbau. Auf der einen Seite (vertikal) gibt es die Differenzierung nach Objekt (dies können häufig Projekte, oder auch verschiedene Produkte sein), auf der anderen (horizontal) wird nach Fachkompetenz oder Funktion unterschieden.

Der Vorteil liegt darin, dass auf beiden Dimensionen Fachkenntnisse und Spezialisierung voll ausgeschöpft werden können.

Nachteil ist allerdings, ähnlich wie bei Mehrliniensystem, dass es zu Missverständnissen und Unklarheit über Kompetenzen, sogar zu Interessenskonflikten zwischen den Stellen führen kann.

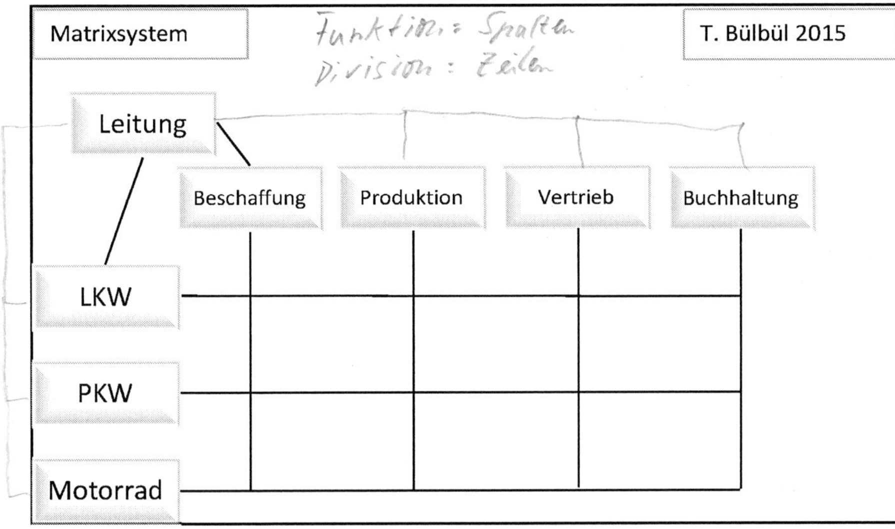

Abb.: Matrixsystem

Ergebnisorientierte Organisationseinheiten

Eine Ergebnisorientierung sollte als erstes bedeuten, Hierarchie abzubauen, um so die Dienstwege zu verkürzen und zu vereinfachen. Als unmittelbare Wirkung dessen sollten die untergeordneten Stellen mehr Entscheidungsfreiraum, aber auch damit verbunden mehr Verantwortung übernehmen.

Ein zweiter wesentlicher Punkt ist, dass die jeweiligen Ziele kommuniziert werden und der Weg oder die Wahl aus mehreren Wegen, dieses Ziel zu erreichen, den Mitarbeitern, immer noch im Rahmen der Regeln und Möglichkeiten, überlassen wird. Dies setzt Motivation und Fachkompetenz der Mitarbeiter sowie gegenseitiges Vertrauen voraus.

Die modernen Formen der Arbeitsorganisation zielen immer mehr auf schlanke Strukturen, in denen Mitarbeiter eigenständig Lösungen entwickeln, mehr Verantwortung übernehmen und Initiative ergreifen.
Diese Verantwortung wird häufig auf Arbeitsgruppen übertragen, die innerhalb eines vorgegebenen Rahmens selbständig und eigenverantwortlich sein sollen. Der Hauptvorteil eines Teams liegt darin, dass einerseits die Defizite einzelner Mitglieder durch das Team ausgeglichen werden, und umgekehrt das Team von Spezialkenntnissen einzelner profitieren kann. Außerdem führt die Verantwortung des Einzelnen gegenüber dem Team zu mehr Sorgfalt und dadurch zu Qualitätssteigerung.

2.3 Entwicklung der Aufbauorganisation

Stellenbeschreibung

Damit eine Organisation reibungslos funktionieren kann, müssen alle Beteiligten (Stellen) einen Einblick in die Organisationsstruktur haben. Hierfür werden Organigramme erstellt. Die oben gezeigten Abbildungen verschiedener Organisationsformen stellen vereinfachte Organigramme dar.

Darüber hinaus muss aber eine Stelle mit folgenden unerlässlichen Informationen beschrieben sein:

- Welche Aufgaben / Funktionen werden ausgeübt?
- Welche Befugnisse besitzt die Stelle, welche nicht?
- Wofür wird die Stelle zur Verantwortung gezogen?
- Von wem erhält die Stelle Anweisungen und welcher Stelle-/n muss sie berichten?
- Welche sonstigen Beziehungen bestehen zu anderen Stellen?

In der Regel sind Stellenbeschreibungen gegliedert in:

- **Stellenaufgabe -** Tätigkeiten, Rechte, Pflichten und Verantwortungsbereich
- **Stellenanforderungen -** schulische und berufliche Bildung, Anforderungen an Person, notwendiges Spezialwissen, besondere Fähigkeiten
- **Stelleneingliederung -** Position innerhalb der Organisation

Vorgehensweise bei der Stellenplanung

- **Aufgabenanalyse -** Ausgehend von den Unternehmenszielen wird analysiert und herausgefunden, welche Tätigkeiten überhaupt benötigt werden. Diese werden gegebenenfalls in Teilaufgaben zerlegt.
- **Aufgabensynthese -** Die Aufgaben werden je nach Charakter, zeitlicher oder örtlicher Möglichkeiten sinnvoll zusammengeführt. Es werden Stellen gebildet.
- **Stellenplanung -** Diese Stellen werden ohne konkrete Personen geplant und organisiert. Wenn dann bestimmte Mitarbeiter in die Planung eingesetzt werden, spricht man von einem **Stellenbesetzungsplan.**

2.4 Aufgaben der Unternehmensplanung

Die Unternehmensplanung beinhaltet viele Pläne, welche zum Teil auch ineinander greifen. Die Planung orientiert sich an den Unternehmenszielen.

Wichtige Beispiele sind:

- **Erfolgsplanung** - Ziel Gewinnmaximierung, Rentabilität
- **Finanzplanung** - Ziel Liquidität
- **Mengenplanung** - Ziel Produktivitätssteigerung

Beispiele für das Ineinandergreifen der Pläne:

Personalplanung betrifft sowohl die Mengenplanung (Anzahl Personal, geplante Leistungsvolumen), als auch die Erfolgsplanung (Personal- und Personalbeschaffungskosten wegen Rentabilität) und auch die Finanzplanung (monatliche Kosten des Personal, Liquidität).

Die **Unternehmensplanung** ist an keine Norm gebunden. Je nach Größe, Art und Ziel des Unternehmens kann diese verschiedene Prioritäten und Formen haben. Die Abbildung ist daher nur als Beispiel zu verstehen.

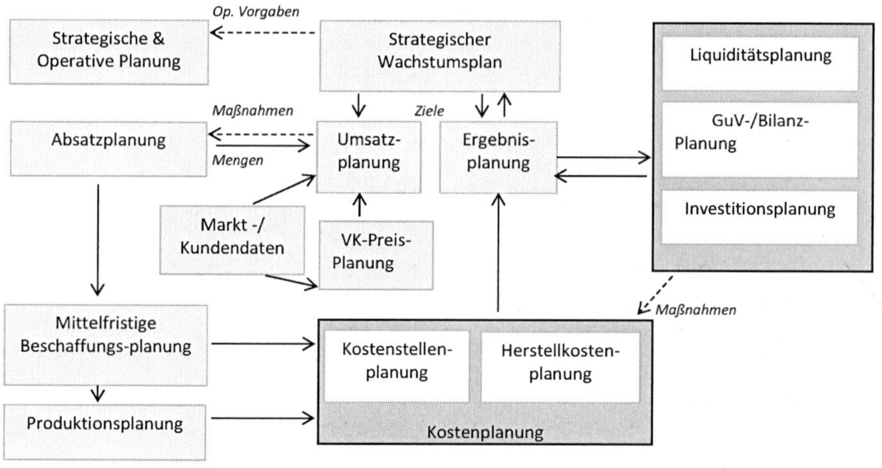

Definition

"Planung ist ein willensbildender, informationsverarbeitender, prinzipiell systematischer Entscheidungsprozess mit dem Ziel, zukünftige Entscheidungs- oder Handlungsspielräume problemorientiert einzugrenzen und zu strukturieren." (Szyperski/Winand)

Man unterscheidet auch hinsichtlich der Fristen:

- **Strategische Planung -** Langfristige Planung der Unternehmensstruktur, Position am Markt, Erschließung neuer Märkte, neue Produkte, neue Herstellungsverfahren usw.
- **Operative Planung** - Kurz- und mittelfristige Planung der detaillierten Vorgehensweise zur Umsetzung der strategischen Planung.

Obwohl die Begriffe "Produktion" und "Fertigung" gemeinhin als Synonyme gebraucht werden, ist hier eine feine Abgrenzung sinnvoll, da man in der Planung eben diese Abgrenzung hat.

Produktion ist der allgemeine Begriff, welcher im Zusammenhang mit grundlegenden Festlegungen und langfristigen Aktivitäten gebraucht wird. Unter Produktion können auch Dienstleistungen fallen.

Fertigung ist auf einzelne Arbeitsschritte der Produktion und kurz- und mittelfristige Entscheidungen (Materialwahl, Werkzeuge und Maschinen usw.) und Prozesse gerichtet. Hierunter fallen Dienstleistungen nicht.

Produktionsplanung

- **Produktionsprogrammplanung** - Hier wird grundsätzlich festgelegt, welche Produkte in welchen Mengen hergestellt werden. Diese Entscheidungen werden dann im operativen Bereich (Fertigungsplanung) konkret umgesetzt.

- **Bereitstellungsplanung** - Ermittlung der benötigten Arbeitskräfte, Material, Betriebsmittel. Planung der Bestellmengen, Lagerplanung usw.

- **Ablaufplanung** - Planung von Losgrößen (Menge pro Produktionsdurchlauf), Zeitbedarf, Kapazitätsbelegung, Reihenfolge und Kosten.

Fertigungsplanung

Hierunter versteht man die kurzfristige Programmplanung, Planung der einzelnen Arbeitsschritte, Materialbedarf, Stücklisten usw.

Die Festlegung des Produktionsprogramms durch Marketing

Da die Wirtschaft bekanntlich auf die Bedürfnisse und Nachfrage basiert, können sich Unternehmen nicht leisten, die Produkte, die sie herstellen und am Markt anbieten, selbst nach eigenen Kriterien zu wählen.

Unternehmen müssen bei der Wahl ihrer Produkte Marktanalysen, Beobachtung der Märkte und möglichst realistische Prognosen für die Entwicklung des Marktes berücksichtigen. Diese Tätigkeit, verbunden mit Absatzstrategien und Werbemaßnahmen nennt man "Marketing".

Die Entscheidung über Art und Menge der Produkte und die zeitliche Planung erfordern eine enge Kooperation zwischen Beschaffung, Fertigung und Absatz.

Festlegung des Produktionsvolumens

Bei der Festlegung des Produktionsvolumens muss vor allem das Hauptziel der Absatz- und Gewinnmaximierung im Vordergrund stehen. Je nach Volumen kann sich der Deckungsbeitrag verändern, welches sich auf den Gewinn pro Stück und Gesamt auswirkt (detailliert in Kapitel 2.5.).

Gleichzeitig muss natürlich erwogen werden, welche Menge maximal am Markt abgesetzt werden kann. Der Gesamtbedarf am Produkt sowie der Marktanteil des Unternehmens und die maximalen Ausbaumöglichkeiten müssen hierbei berücksichtigt werden.

Aufnahme neuer Produkte und/oder neue Herstellungsverfahren

Wie bereits erwähnt, geht der Entscheidung über neue Produkte eine Marktanalyse voraus.

In größeren Unternehmen werden neue Produktideen auch in der Abteilung "Forschung & Entwicklung" entwickelt.

Auch Ideen von "außen" können Anregungen schaffen. So hört und schaut man sinnvollerweise auf Konkurrenten, Kunden, Lieferanten und externen Marktforschungsinstituten.

Wichtige Kriterien für eine Entscheidung sind:

- Nachfrage oder auch von Konsumenten noch nicht entdeckte Bedürfnisse
- Umsatz- und Gewinnerwartungen
- Abwägung der eigenen Marktchancen im Vergleich zum Konkurrenten
- Soll das neue Produkt die vorhandenen Produkte ergänzen oder ersetzen?
- Kosten und Investitionen für das neue Produkt

Es gibt eine allgemeine Darstellung bezüglich der Lebensdauer eines Produkts, welche aber nicht für alle Produkte gleichermaßen gilt (Produktlebenszyklus).

Der Verlauf kann bei verschiedenen Produkten sehr große Unterschiede vorweisen. So ist z.B. ein namhafter Hersteller einer Handcreme seit Jahrzehnten mit dem gleichen Produkt sehr erfolgreich, lediglich die Verpackung wird ab und an moderner gestaltet.

Bei den heutzutage sehr stark nachgefragten Technologie-Produkten wie Smartphones vollzieht sich hingegen ein Wandel in einer schwindelerregenden Geschwindigkeit. Fast monatlich werden neue Produkte und Modelle mit neuen Funktionen auf den Markt gebracht.

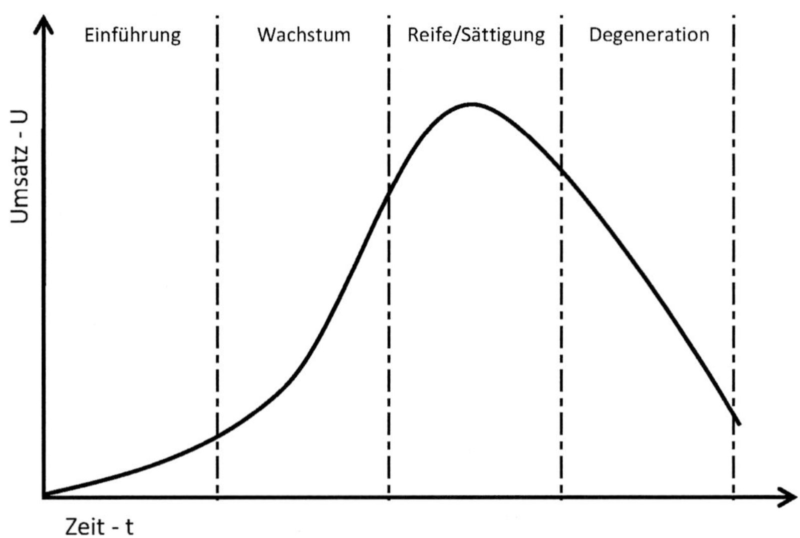

Abb.: Produktlebenszyklus

2.5 Grundlagen der Ablaufplanung

In unserer Zeit sind die Tätigkeiten der Produktion und Fertigung meist so komplex, dass sie ohne Arbeitsteilung nicht zu bewältigen sind.

Die Arbeitsteilung wird zuerst in zwei Kategorien vorgenommen:

- **Mengenteilung** - Bei der Herstellung eines Produkts in größeren Mengen kann die Gesamtmenge auf mehrere Stellen verteilt werden, wobei jede von ihnen die gesamte Arbeit vollständig an einem Arbeitsplatz ausführt.
  In der Sicherheitsbranche wird z.B. Mengenteilung vorgenommen, wenn für mehrere Objekte (vergleichbar mit Produkt in der Industrie) der gleiche Gesamtauftrag (Schutz vor Ladendieben) auszuführen ist, wobei diese auf die Mitarbeiter verteilt wird.
- **Artteilung** - Dies ist die klassische Teilung in der Industrie. Hier wird eine meist komplexere Aufgabe anhand von Aufgabenteilung und -synthese in einzelne Arbeitsschritte zerlegt, wobei jede Stelle / Abteilung eine dieser Teilaufgaben ausführt. Vorteile sind: Einfachere Aufgaben, dadurch kurze Anlernphasen, auch Hilfskräfte können eingesetzt werden, bessere Arbeitsplatzgestaltung. Nachteile: Monotonie, einseitige Belastung, erhöhte Transportkosten und -zeiten zwischen den Abteilungen.

Wenn wir bei unserem Beispiel der Sicherheitsbranche bleiben, wäre eine Großveranstaltung als Beispiel geeignet. So würde man die Teilaufgaben Objektbegehung und Planung, Transport von Betriebsmittel und Personal, Einsatzleitung, Einlasskontrolle, Streifengänge in der Menge, Berichterstattung, usw. als Artteilung bezeichnen.

Arbeitsplanung

Die Festlegung von Arbeitsabläufen nennt man **Arbeitsplanung**. Es besteht hier bereits ein Produktprogramm. Die langfristige (strategische) Planung, die an diesem Punkt bereits vorhanden sein muss, soll nun im Detail erstellt und umgesetzt werden. Sie bezieht sich dabei konkret auf ein Produkt.

Hier müssen auch einmalig wichtige Fragen in Bezug auf die Produktion geklärt werden:

- Welche Arbeitsschritte sind nötig, wie müssen diese ausgeführt werden?
- In welcher Reihenfolge werden die Arbeitsschritte ausgeführt?
- Welche Maschinen, Werkzeuge, Hilfsmittel werden benötigt?
- Welche Zeit wird für die einzelnen Schritte benötigt?

Das Ziel ist, die Herstellkosten zu minimieren. Hierzu strebt man an:

- Eine Minimierung von Durchlaufzeiten
- Die Optimierung der Arbeitsschritte
- Die menschengerechte Gestaltung des Arbeitsplatzes
- Eine Wegeoptimierung durch eine richtige Anordnung der Betriebsmittel
- Eine hohe Auslastung der vorhandenen Kapazitäten

Alle diese einzelnen Ziele hängen unmittelbar voneinander ab. Nicht alle Ziele sind gleichzeitig optimal zu erreichen. Oft entstehen hier Zielkonflikte. An diese Stelle ist die Abwägung im jeweiligen Betrieb notwendig (welche der Ziele haben Priorität, welche sind überhaupt besser realisierbar?).

Oben wurde die Minimierung der Durchlaufzeit erwähnt. Diese und weitere Zeitbegriffe sind von großer Bedeutung, und sollen daher an dieser Stelle erläutert werden.

Durchlaufzeit

Darunter versteht man die Zeit, die von der Erstbearbeitung der Werkstoffe (z.B. Rohstoffe) bis zur endgültigen Auslieferung benötigt wird.

Bei der Herstellung von mehreren verschiedenen Produkten mit Maschinen kann es zu Wartezeiten kommen, wenn eine Maschine ein halbfertiges Produkt weiterverarbeiten soll, welche aber von der vorangehenden Maschine noch nicht bearbeitet wurde, weil sie gerade mit einem anderen Auftrag beschäftigt ist. Eine Ursache könnte hier ein Fehler bei der Planung sein.

Auch bei Einproduktunternehmen kann es zu Wartezeiten kommen, wenn die Planung (Taktabstimmung) der einzelnen Schritte fehlerhaft ist.

Auftragszeit

Damit ist die Vorgabezeit für das Ausführen eines Auftrages (Rüsten und Ausführen) durch den Menschen gemeint. Sie setzt sich zusammen aus:

- **Rüstzeit** - Vorgabezeit für das Rüsten. Setzt sich wiederum zusammen aus Rüstgrundzeit, Rüsterholungszeit, Rüstverteilzeit.
- **Ausführungszeit** - Vorgabezeit für das tatsächliche Ausführen eines Auftrages. Sie wird für eine Mengeneinheit vorgegeben (z.B. pro Stück) und setzt sich zusammen aus Grundzeit, Erholungszeit und Verteilzeit.

Belegungszeit

Die Belegungszeit ist ähnlich wie Auftragszeit, bezieht sich jedoch auf Betriebsmittel, also die Zeit für die Belegung eines Betriebsmittels. Sie besteht auch aus Rüst- und Ausführungszeit.

- **Betriebsmittelrüstzeit** - Die Zeit für das Rüsten des Betriebsmittels (Programmierung, Bestücken mit Hilfsstoffen usw.)
- **Betriebsmittelausführungszeit** - Vorgabezeit für die Ausführung eines Auftrags durch die Betriebsmittel. Sie wird auf eine Mengeneinheit bezogen. Sie verteilt sich wiederum in Grund- und Verteilzeit.

Diese Definitionen finden sich in den Formelsammlungen bei der Formel zur Auftragszeit (T=Auftragszeit) wieder.

Bei der Ablaufplanung muss neben den oben erwähnten Faktoren auch wesentlich auf die Auslastung von Kapazitäten geachtet werden, da Menschen und Maschinen auch dann Kosten verursachen, wenn sie nicht "arbeiten". Diese nennt man **Fixkosten**.

Die Betriebsmittel- und Materialauswahl und die Verwendung sind ebenso wichtig, um die Wirtschaftlichkeit der Planung zu gewährleisten. So wirkt sich beispielsweise die Entscheidung, ob man in eine neue Maschine investiert, um langfristig Kosten zu sparen, auch auf die Ablaufplanung aus. Denn mit der neuen Maschine ändern sich eventuell die einzelnen Schritte und die jeweiligen Zeitvorgaben.

Material- und Werkstofffluss

Während Informationen, Anweisungen und Daten heutzutage durch fortschrittliche Kommunikationsmittel meist elektronisch übermittelt werden, müssen Material und Werkstoffe nach wie vor zur richtigen Zeit an der richtigen Stelle zur Verarbeitung und Zufügung in das Produkt bereitgestellt werden. Dies ist eine sehr wichtige Aufgabe der Ablaufplanung.

Zunächst muss der komplette Weg des Produktes bis zur Fertigstellung festgelegt sein, um dann an benötigten Stellen jeweils Werkstoffe, Material, Werkzeuge und Hilfsstoffe hinzuzufügen, bzw. bereitzustellen. Auch bestimmte Belege wie Konstruktionszeichnungen, Begleitscheine usw. gehören dazu.

Ziele sind Minimierung von

- Raum,
- Zeit,
- Personal,
- Material und
- Betriebsmitteln

und den damit verbundenen Kosten.

Fertigungsdurchlauf

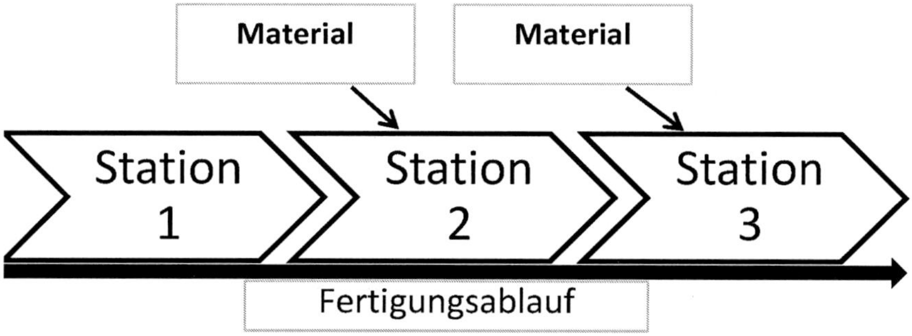

Netzplan

Besonders in Projekten, in denen mehrere Abteilungen oder Maschinen miteinander verknüpft sind, um einen Auftrag zum bestimmten Termin zu erfüllen, kommt ein Netzplan zur Anwendung.

Hierbei werden die einzelnen Abläufe aufeinander abgestimmt. Jeder Vorgang stellt einen "Vorgangsknoten" dar, der mit folgenden Daten versehen ist:

- Früheste Anfangszeitpunkt FAZ
- Späteste Anfangszeitpunkt SAZ
- Dauer des Vorgangs D
- Gesamtpuffer GP
- Früheste Endzeit FEZ
- Späteste Endzeit SEZ

Vorgangsnummer		
FAZ	**D**	**FEZ**
SAZ	**GP**	**SEZ**

FAZ des ersten Knotenpunktes und die Dauer der jeweiligen Vorgänge sind immer bekannt. Die Berechnung ist je Knotenpunkt jeweils einfach, wobei die Abhängigkeiten zwischen Knotenpunkten und das Einsätzen der richtigen Zahlen oft zu Leichtsinnsfehlern führen.

Bei der Vorwärtsrechnung wird die obere Zeile verwendet.

FAZ + D = FEZ
FEZ vom Vorgänger = FAZ vom Nachfolger

Wenn der Nachfolger mehrere Pfeileingänge von Vorgängerknoten hat, so wird die höchste FEZ von den Vorgängern genommen.

Bei der Rückwärtsrechnung gilt:

SEZ - D = SAZ
SAZ vom Nachfolger = SEZ vom Vorgänger

Wenn ein Knotenpunkt mehrere Nachfolger hat (mehrere Pfeilausgänge), so wird von allen Nachfolgern die mit dem kleinsten SEZ genommen.

Für GP gilt:

GP = SAZ - FAZ oder / und
GP = SEZ - FEZ

Wichtige Punkte sind Berechnung von Pufferzeiten und die Ermittlung vom sogenannten **kritischen Pfad**. Das ist der Pfad, an dem GP überall "0" ist.

Der kritische Pfad ist der Weg, an dem es keinen zeitliche Puffer gibt, also keine Störungen und Verzögerungen aufkommen dürfen. Wenn es mehrere Wege mit 0 Puffer gibt, so ist der längste Weg der Kritische Pfad.

Ein einfaches Beispiel soll dies veranschaulichen.

bekannte Daten:

Vorgang	Nachfolger	Dauer
A	B	3
B	C, D	4
C	-	6
D	-	3

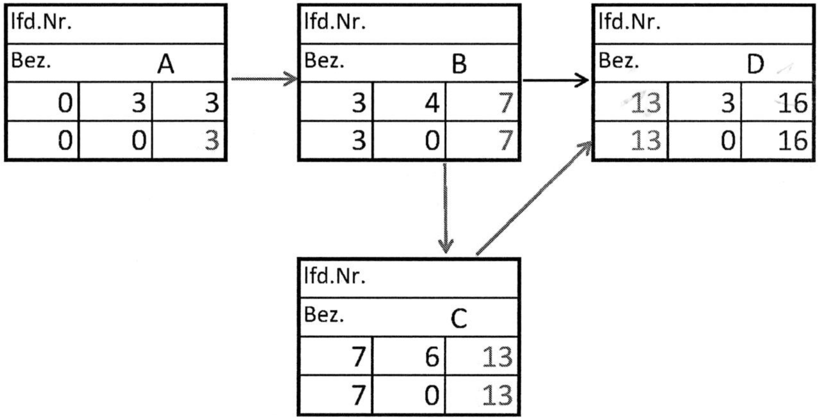

Am Ende wird der FEZ = SEZ genommen, um dann rückwärts zu rechnen. Danach wird nach den Formeln berechnet.

Der kritische Pfad ist in unserem Beispiel der über A, B, C, da überall GP = 0 ist.

Räumliche Faktoren

Hierbei sind folgende Punkte wichtig und noch vor der Errichtung des Betriebes zu beachten:

- **Standort** - Je nach Betrieb sowie Art und Menge des Materialbedarfs sind Infrastrukturen wie Autobahnen, Straßen- und Schienenanbindung, Häfen, Flughäfen etc. zu beachten.
- **Gebäude** - Die Anordnung der Arbeitsplätze sollten auch unter dem Aspekt des Materialzuflusses geplant werden. Auch das Gebäude selbst muss geeignet sein, z.B. hinsichtlich Bauform, ebenerdig, mehrstöckig usw.
- **Einrichtung der Beförderung** - Die Wege und Beförderungsmittel für den Transport müssen möglichst kurz, ohne Umwege und beidseitig erreichbar sein, z.B. für Kräne, Stapler, Fließband usw.

Fertigungstechnische Faktoren

Für verschiedene Fertigungstypen müssen die entsprechenden Transportmittel und -wege angepasst sein.

Einzelfertigung mit flexiblen Beförderungsmitteln, Serienfertigung mit eventuell spezialisierten Beförderungsmitteln oder Massenfertigung (Verrichtungsprinzip, Flussprinzip) mit ortsgebundenen Beförderungsmitteln, bedürfen dementsprechend unterschiedlicher Planung des Materialflusses.

Fördertechnische Faktoren

Hier sind Entscheidungskriterien wie Art und Menge des Materials sowie die Wahl der geeigneten Beförderungsmittel ausschlaggebend.

2.6 Elemente des Arbeitsplanes

Einen Arbeitsplan kann man folgendermaßen definieren:

"Aufstellung mit Informationen über die Art, die Reihenfolge der Aufträge / Teilaufträge, zeitliche Vorgaben und die Art der benötigten Kapazitäten (Maschinen, Werkzeuge, Arbeitskräfte). Häufig werden Arbeitspläne mit Zusatzangaben wie Materialqualität, Ausschussvorgaben, Richtzeiten etc. ergänzt." (Quelle-Gabler Wirtschaftslexikon)

Der Arbeitsplan beinhaltet im Einzelnen:

- **Kopfdaten** - Beinhaltet Arbeitsplannummer, Sachnummer des Erzeugnisses und gegebenenfalls Auftragsnummer, Losgröße und Losnummer.
- **Materialdaten** - Sachnummer, Bezeichnung und Mengenangaben.
- **Fertigungsdaten** - Nummer und Bezeichnung des Arbeitsganges (AG), Nummer und Bezeichnung des Arbeitsplatzes, eventuell die Kostenstelle, Zeitvorgaben und Nummer und Bezeichnung des Betriebsmittels (Maschinen).

Der Arbeitsplan ist unverzichtbar, um folgende Punkte zu erreichen:

- **Fertigungsdurchführung** - Durch bindende Anweisungen wird die richtige Durchführung der Fertigung sichergestellt.
- **Ablaufsteuerung** - Die Reihenfolge der Arbeitsabläufe wird sichergestellt.
- **Betriebsmittelbelegung** - Durch die optimale Belegung der Maschinen und menschlicher Kapazitäten werden Engpässe, Überlagerungen und Verzögerungen vermieden.
- **Terminierung** - Einzelne Arbeitsgänge und dadurch der Gesamtauftrag und die Auslieferung werden terminiert.
- **Kalkulation und Lohnberechnung** - Alle Angaben zur Kalkulation der Kosten der Herstellung sind im Arbeitsplan enthalten (Zeitangaben, Material, Betriebsmittel, Mengenangaben).
- **Qualitätssicherung** - Durch die strikten Vorgaben kann die Durchführung in gleicher, zumindest mess- und kontrollierbarer Qualität sichergestellt werden.

Arbeitspläne werden in der Regel von Planern persönlich erstellt. Immer mehr Anwendung finden computergesteuerte, zum Teil vollautomatisierte Arbeitsplanungen (CAP - Computer Aided Planing).

Beispiel für einen Arbeitsplan

ARBEITSPLAN - Gepäckträger			Sachbearbeiter: Peter Müller			
Bezeichnung: Fertigung Gepäckträger			Arbeitsplatznummer: 161			
Erstellt: 31.05.2008		Endtermin: 03.06.2008	Bereich: Werkhalle 2			
Lfd. Nr.	**Stück**	**Teilnummer**	**Bezeichnung:**		Arbeitsvorgangsstatus:	
27	1	08002	Gepäckträger Herren		10	
Rohmaterial:					**Anzahl:**	**Teile-Nr.:**
Eisenstange / Durchmesser 1 cm / 400 cm lang					1	08001
AV-Nr.	**Arbeitsanweisung**		**L-Gr.**	**MG-Nr.**	**Rüstzeit**	**Zeit/Einheit**
00	Anlieferung Eisenstange					
10	Sägen in 5 Teile		5	6211	60	30
20	Schweißen		1	1131	60	240
30	Polieren		1	1235	30	30
40	Lakieren		1	1454	60	120
Aussteller: Frau Kohle		Geprüft: __________	Genehmigt: __________		Normgeprüft: __________	

Daten des Arbeitsgegenstandes

Alle Roh-, Hilfs- und Betriebsstoffe sowie fremdbezogene Fertig- oder Halbfertigteile, die einen Produktionsprozess durchlaufen, nennt man Arbeitsgegenstände.

Die Daten zu den Arbeitsgegenständen sind enthalten in:

- **Materialkartei** - Aus dieser gehen die Bezeichnung, Nummer, Rohmaß, Gewicht und Zustand bei Anlieferung hervor.

- **Stücklisten** – Sie geben an, welche Materialien in welcher Menge in den Arbeitsgegenstand einfließen.

Nach der REFA-Methodenlehre werden Arbeitsabläufe in "Arbeitsablauf-Abschnitte“ unterteilt. Hier wird eine Unterscheidung zwischen Mikro- und Makro-Ablaufabschnitten unterschieden.

Beispiel

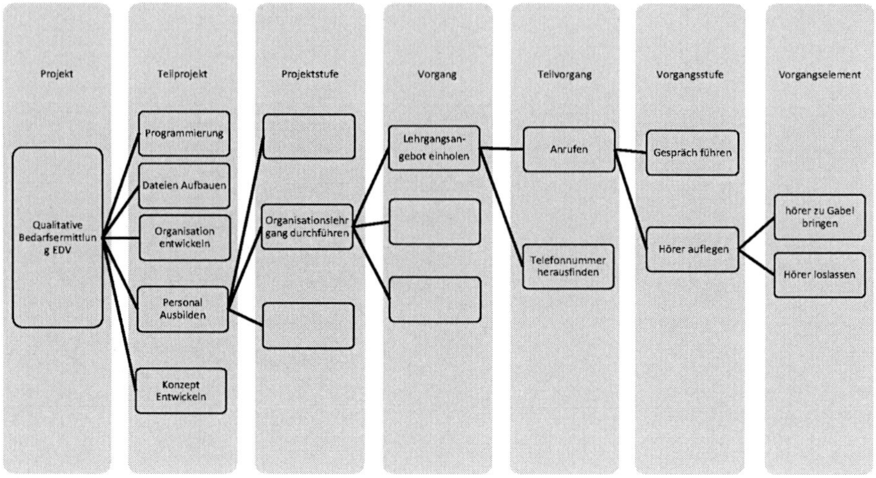

Die untere, horizontale Abgrenzung bezeichnet die Makroarbeitsablaufabschnitte.

Die Ablaufarten, bezogen auf Arbeitsgegenstände, kann man in vier Kategorien unterteilen:

- Bearbeiten/verändern
- Liegen (kurzfristig)
- Lagern (langfristig)
- Prüfen

2.7 Aspekte zur Gestaltung des Arbeitsvorgangs

Eine Vielzahl von Aspekten müssen bei der Gestaltung des Arbeitsvorgangs berücksichtigt werden.

Arbeitsbedingungen

Im engsten Sinne in diesem Kontext sind damit die direkten äußerlichen Einflüsse auf den Arbeitsplatz wie Klima, Temperatur, Lärm, Beleuchtung, Belüftung usw. zu verstehen. Diese Faktoren beeinflussen die Arbeitsmoral, die Motivation und das Arbeitsverhalten.

Allgemein, auf den Betrieb oder Unternehmen bezogen, können Arbeitsbedingungen technische, wirtschaftliche, politische, rechtliche oder soziale Einflüsse bedeuten.

Arbeitsverfahren

Unter diesem Begriff versteht man das fachliche und technische Vorgehen (geeignete Prozeduren/Verfahren) und die richtige Organisation. Hierzu ist aktuelles Wissen über neue Technologien und Verfahren auf dem Markt unabdingbar, um eine Entscheidung bezüglich der Machbarkeit und des Sinns der Übertragung auf das eigene Unternehmen zu treffen.

Arbeitsmethode

Nach der Festlegung der Arbeitsverfahren werden Regeln zur Durchführung dieser festgelegt. Die Gesamtheit dieser Regeln wird Arbeitsmethode genannt.

Gut ist eine Arbeitsmethode, wenn sie mit geringem Aufwand zu hoher Arbeitsleistung führt.

Arbeitsweise

Hiermit ist die individuelle Ausführung der Arbeit durch den Menschen gemeint. Vorausgesetzt, dass die vorgegebene Arbeitsmethode eingehalten wird, hat der Mensch innerhalb dieses Begriffes einen Gestaltungsspielraum.

Arbeitsplatztypen

Arbeitsplatztypen richten sich nach der Art der Fertigungsorganisation, von denen die Gängigsten hier kurz erläutert werden sollen.

- **Werkstattfertigung** - Hier sind Arbeitsplätze und Maschinen in einem Raum untergebracht (z.B. Fräsen, Bohren, Stanzen usw.). Sie ist **ortsgebunden**.
- **Gruppenfertigung** - Hier werden einzelne Werkstätte flussorientiert, der Reihe der nötigen Arbeitsschritte nach zu einer Gruppe zusammengeführt. Dies ermöglicht die Vorteile der Werkstattfertigung bei gleichzeitiger Verkürzung der Transportwege.
- **Reihenfertigung** - Hier werden die einzelnen Arbeitsplätze wie eine Straße aneinandergereiht. Sie wird auch **Straßenfertigung** oder **Linienfertigung** genannt. Da für jedes Produkt eine eigene Straße vorgesehen ist, liegt der Nachteil darin, dass, obwohl zeitlich eventuell möglich, die identischen Arbeitsschritte für zwei unterschiedliche Produkte nicht am gleichen Arbeitsplatz/Maschine verrichtet werden können. Ein weiterer Nachteil ist, dass sie nicht ohne weiteres auf neue Verfahren angepasst werden kann.
- **Fließfertigung** - Die Fertigungseinrichtungen sind wie bei der Straßenfertigung angeordnet. Anhand beweglicher Beförderungsmittel (z.B. Fließband) bewegt sich der Arbeitsgegenstand, auch zeitlich abgestimmt, durch verschiedene Arbeitsplätze. Dies spart Zeit und Transportwege und dadurch Kosten. Es kann qualitativ und quantitativ mehr Leistung erbracht werden.

  Allerdings sind enorme Nachteile wie Totalausfall bei Störungen an einzelnen Stellen, geringe Anpassung und einseitiger Arbeit vorhanden.
- **Inselfertigung** - Eine große Aufgabe wird an eine bestimmte Anzahl an Mitarbeitern in einer Fertigungsinsel übertragen. Diese Gruppe ist für den Gesamterfolg und die Leistung verantwortlich, wobei innerhalb der Gruppe Aufgaben getauscht (Job Rotation) oder erweitert (Job Enlargement) sowie anhand von mehr Verantwortung, Mitspracherecht und Kontrollbefugnissen (Job Enrichment) aufgewertet werden kann. Dies schafft mehr Abwechslung und mehr Motivation.
- **Flexible Fertigung** - Hier werden computergesteuerte Maschinen intensiv eingesetzt. Die Aufgabe der Menschen besteht in dieser modernen Form nicht mehr in den einzelnen Fertigungsschritten, sondern eher in Dispositions-, Steuerungs-, und Kontrollaufgaben. Im Idealfall können mehrere Maschinen zu einem System zusammengefasst und einem Mitarbeiter unterstellt werden.
- **Die fraktale Fabrik** – Dies ist eine Mischung aus Gruppenfertigung und flexible Fertigung, um die jeweiligen Vorteile zu kombinieren. Sie ist eine weitere moderne Form der Fertigung.

Qualitätsangaben

Hier sind Gewichtstoleranzen, Messtoleranzen, Oberflächengüte vorgegeben, um die einheitliche Produktion im Hinblick auf Qualität sicherzustellen.

Sie dient ferner zur Selbstkontrolle im jeweiligen Arbeitsplatz. Zusätzlich kann es externe Mitarbeiter der Qualitätssicherung geben, welche nach diesen Vorgaben die Kontrollen durchführen.

2.8 Aufgaben der Bedarfsplanung

Aufgabe der Bedarfsplanung ist es, dafür zu sorgen, dass die betriebswirtschaftlichen Produktionsfaktoren, Arbeitskräfte, Betriebsmittel und Material in der erforderlichen Art, Qualifikation und Menge, bedarfsgerecht bereitgestellt werden. Weiterhin hat die Planung den wirtschaftlichen Unternehmenszielen wie Gewinnmaximierung zu dienen. Dies kann sie durch Kostenminimierung in der Bereitstellung beeinflussen.

Personalbedarfsplanung

Die Personalabteilung ist eine der wichtigsten Abteilungen im Unternehmen, da die Personalkosten in den meisten Unternehmen den größten Teil der Gesamtkosten ausmachen. Das Ziel ist es, genügen Personal mit den jeweils benötigten Qualifikationen bereitzustellen, das heißt, nicht zu wenig (technischer Aspekt) aber auch nicht zu viel (wirtschaftlicher Aspekt). Natürlich müssen die Arbeitskräfte zur richtigen Zeit am richtigen Ort bereitgestellt werden.

Eine langfristige Personalbedarfsplanung richtet sich nach der Gesamtentwicklung des Marktes und des Unternehmens sowie den Absatzstrategien in der Zukunft.

Mittelfristige Personalbedarfsplanung basiert auf die vorhandenen Stellen und berücksichtigt Faktoren wie Urlaub, mittelfristige Ausfälle wie Mutterschaft, Kuren, anstehende Großaufträge, etc.

Kurzfristige Personalplanung erfordert meist Improvisation und reagiert auf unerwartete Mitarbeiterausfälle, Sonderbestellungen, Eilaufträge, Reparaturaufträge usw.

Wenn ein ausscheidender Mitarbeiter ersetzt werden muss, spricht man von **Ersatzbedarf**.

Nachholbedarf definiert bereits geplante Stellen, für die noch kein Mitarbeiter eingestellt wurde.

Neubedarf definiert Stellen, welche neu geschaffen wurden.

Freistellungsbedarf definiert Personalüberschuss, der abgebaut werden muss.

Bruttopersonalbedarf ist der Gesamtbedarf für die Erfüllung der Aufgaben plus Reservebedarf für unerwartete Ausfälle usw. (Puffer).

Der **Nettopersonalbedarf** setzt sich dagegen wie folgt zusammen:

	Bruttopersonalbedarf
-	Personalbestand aktuell
-	feststehende Zugänge
+	feststehende Abgänge
=	Nettopersonalbedarf

Personaleinsatzplanung

Nach der Ermittlung des Gesamtbedarfs müssen die Mitarbeiter den zu erfüllenden Aufgaben zugeordnet werden.

Hierbei müssen die Mitarbeiter entsprechend Ihrer Qualifikation eingesetzt, die Aufgaben termingerecht erfüllt und die Betriebsmittel bestmöglich ausgelastet werden.

Die kurzfristige Aufgabe in diesem Zusammenhang ist das Reagieren auf Bedarfsspitzen oder Ausfälle. Diese kann man mit **Mehrarbeit**, **Planänderungen**, Hinzuziehen von **Zeitarbeitern** oder kurzzeitige Einführung von **Schichten** (Überstunden) bewältigen.

Langfristiger Bedarf ist Aufgabe der Personalentwicklung. Sie kann mit Neueinstellungen und Weiterbildungen im Betrieb bewältigt werden.

Grundsätze der Schichtplanung

Bei der Schichtplanung müssen unbedingt folgende Punkte berücksichtigt werden:

- Anzahl und Qualifikation der erforderlichen Kräfte, sinnvolle Verteilung auf die Schichten
- Gerechte, transparente Planung für alle
- gesetzliche und tarifliche Vorgaben über Ruhezeiten, Mindest- und Höchstarbeitszeiten, KAPOVAZ (Kapazitätsorientierte variable Arbeitszeit, eine Form von Teilzeitarbeit aus den USA.) usw.
- Schutzbedürftige Gruppen wie Azubis (Jugendarbeitsschutzgesetz)
- Schwangere Frauen (Mutterschutzgesetz) etc.
- Die möglichst langfristige Planung und genaue Einhaltung
- Mehrschichtarbeit belastet die Menschen sowohl körperlich und psychologisch, als auch sozial (Familienleben, Freundeskreis, Freizeit-aktivitäten).

Produktions- und Betriebsmittelplanung

Die Ermittlung der für die Aufgabenerfüllung notwendigen Produktions- und Betriebsmittel stellt sich hier als Aufgabe dar (Maschinen, Maschinenanlagen, Werkzeuge, Prüfmittel, Gebäude, etc.).

Langfristig müssen die Absatzplanungen, Prognosen für die Zukunft, Produktionsverfahren für die Ermittlung des Bedarfs berücksichtigt werden. Je nach Bedarf ist auch zu entscheiden, ob die Betriebsmittel Intern hergestellt werden, gekauft oder geleast werden sollen.

Es kann auch vorkommen, dass vorhandene Betriebsmittel dauerhaft unterhalb der Kapazität belastet werden. Hier kann eine Stilllegung oder Veräußerung der Betriebsmittel in Betracht gezogen werden, um die Leerkosten (Fixkosten, obwohl die Maschine nicht im Betrieb ist) zu vermeiden.

Materialplanung

Der Materialbedarf kann aus den Stücklisten abgeleitet werden, wenn für die Zukunft die herzustellenden Mengen bekannt sind.

Langfristig muss die Materialplanung die Lieferantenauswahl, Bereitstellungs- und Bestellpolitik, die regelmäßigen Intervalle usw. regeln.

Kurzfristig müssen die Lagerbestände überwacht, mit dem Bedarf abgeglichen und die Bereitstellung am Einsatzort geplant werden.

Materialbereitstellungsplanung

Hier sind folgende Möglichkeiten je nach Unternehmen zu erörtern.

- **Einzelbeschaffung** - Im Bedarfsfall wird Material bestellt. Dies ist nur möglich, wenn das Material am Markt leicht zu beschaffen und ohne Wartezeiten zu liefern ist. In der Regel wird diese Art der Beschaffung nur bei unvorhergesehenem Bedarf angewandt.
- **Vorratshaltung -** Material, das ohne Qualitätsverlust gelagert werden kann, und nicht schnell zu liefern ist, wird auf Lager bereitgehalten. Hier stellen die dazu notwendigen Lager einen Kostenfaktor dar. Die Überwachung von Mindest- und Höchstbeständen ist notwendig.

- **Just-in-Time-Steuerung** – Diese ist in der heutigen Zeit, z.B. in der Autoindustrie sehr weit verbreitet. Hier wird das Material zeitlich genau auf die Fertigung angepasst geliefert, also gerade dann, als es gebraucht wird. Zum Teil wird die Anlieferung stundengenau abgestimmt.
  Der größte Vorteil ist, dass dadurch die Lagerkosten wegfallen. Dieser ergibt sich aber nur aus der Sicht der produzierenden Betriebe, die beliefert werden. Der Lieferant allerdings hält sehr große Läger bereit.
  Hingegen gibt es viele Nachteile:
  Um diese Art langfristig reibungslos durchführen zu können, müssen stets beide Seiten, sowohl in der Bedarfsermittlung und Bestellung, als auch in der Reaktion auf die Bestellung und in der Lieferung sehr schnell, präzise und fehlerfrei arbeiten.

Um Verzögerungen zu vermeiden, treffen Lieferanten ihre Standortwahl in der Nähe der Abnehmer. Dies führt zur regionalen Konzentrationen und zur weiteren Schwächung von industriearmen Regionen.

Bei Materialfehlern ist die Produktion des Abnehmers zum Stillstand verurteilt, wenn keine Notlager gehalten werden.

Vermeintlich kleine Lieferanten können, z.B. bei einem Streik große Teile der Industrie komplett lahmlegen.

Bedarfs- und Bestellmengenplanung

Der Materialbedarf wird auf der Basis vom **Primärbedarf** ermittelt. Das ist die Menge an Erzeugnissen, die aufgrund der vorliegenden Aufträge bereitgestellt/produziert werden müssen. Daraus lässt sich der **Sekundärbedarf**, also der Bedarf an Material und Rohstoffen, Einzelteilen ermitteln. Der Sekundärbedarf wird in der Regel um einen **Zusatzbedarf** erweitert, da Sondereffekte wie Schwund, Ausschuss usw. berücksichtigt werden müssen. Der **Tertiärbedarf** ist der Bedarf an Hilfs- und Betriebsstoffen.

Die Bereitstellung der Materialien erfolgt nach folgenden Bestellsystemen:

- **Bringsystem** - Hier werden Material und Unterlagen zu Beginn des Auftrags an den Arbeitsplatz gebracht. Nach Vollendung der Fertigungsstufe an diesem Arbeitsplatz wird der Arbeitsgegenstand an den nächsten (nachgelagerten) Arbeitsplatz gebracht.

- **Holsystem -** Die benötigten Materialien und Arbeitsunterlagen werden vom vorgelagerten Arbeitsplatz/Stelle angefordert.
- **Kombinierte Systeme -** In der Regel werden Materialien und Arbeitsunterlagen gebracht, Werkzeuge hingegen geholt.

2.9 Produktionsplanung, Auftragsdisposition und deren Instrumente

In der Produktionsplanung müssen zunächst grundlegende wirtschaftliche, humane und organisatorische Ziele festgelegt werden, anhand derer die Produktlinie, und im nächsten Schritt die Detailplanung erfolgen kann.

Mittelfristig werden der Entwurf des einzelnen Produktes und die Art und Umfang der eigenen Produktion, sowie Fremdbeschaffung einzelner Bauteile entschieden.

Im Detail werden dann die Aufgaben und die Reihenfolge dieser Aufgaben geplant. Anschließend sind Material, Betriebsmittel, Kapazitäten und Kapital zu planen.

Bei der Planung berücksichtigt man hauptsächlich die Absatzmöglichkeiten und mögliche temporäre Kapazitätsengpässe.

In den Industriebetrieben orientiert sich die Disposition weitestgehend am Absatzmarkt und den Prognosen. Die Materialplanung und Betriebsmittelplanung wurden bereits in vorangegangen Kapiteln erörtert.

Die eingehenden Aufträge sind so in die Planung einzubringen, dass eine optimale Auslastung der vorhandenen Ressourcen erreicht werden kann.

Termine

Es gibt nach der Art der Terminierung folgende Unterscheidungen:

- **Auftragsorienterte Terminierung -** Hier werden die Aufträge bestimmten Stellen zugewiesen und mit Anfangs- und Endterminen festgelegt. Die Kapazitäten werden dabei nicht berücksichtigt.
- **Kapazitätsorientierte Terminierung -** Wie der Name schon verrät, wird hier die vorhandene Kapazität, insbesondere die Engpässe berücksichtigt.
- **Integrierte Terminierung -** Die Kapazitätsorientierte Terminierung wird um alle verfügbaren Eingaben - wie Zielvorgaben, zeitliche Begrenzungen, projektspezifische Organisation, usw. - erweitert.

Nach der Methode wird ebenfalls unterschieden zwischen:

- **Vorwärtsterminierung (progressiv) -** Der früheste Anfangstermin steht fest, anhand der Durchlaufzeiten wird der früheste Endtermin berechnet.

- **Rückwärtsterminierung (retrograde)** – Hier steht der späteste Endtermin fest. Dann wird rückwärts der späteste Anfangstermin berechnet.
- **Kombinierte Terminierung -** Ausgehend vom Zieltermin wird wechselweise vor- und rückwärts gerechnet, wobei auch die Kapazitäten berücksichtigt werden.

Hierbei spielt die Durchlaufzeit eine große Rolle. Sie setzt sich aus

  Auftragszeit
\+ Zwischenzeit (Liegezeiten, Lagerzeiten)
\+ Zusatzzeiten (Störungen)

zusammen.

Die Durchlaufzeit kann man verkürzen durch

- Überlappung - Der Gesamtauftrag ist noch nicht fertig, es werden aber Teilmengen an die nachgelagerte Stelle geliefert, damit diese in dieser Zeit weitermachen kann.
- Multi-Station-Work - Mehrere Stellen erfüllen die gleiche Arbeit
- Mehrschicht - Durch (temporäre) 2- oder 3-Schichtbetrieb wird der Auftrag schneller fertiggestellt
- Überstunden

Auf einzelnen Fertigungssystemen wurde bereits in Punkt **2.7, unter "Arbeitsplatztypen"** hingewiesen.

Die Unterscheidung nach Fertigungsverfahren wird unter **Unternehmensfunktionen (1.2)** erläutert.

Materialdisposition und Bedarfsermittlung

Das benötigte Material muss in der richtigen Menge zum Zeitpunkt des Bedarfs bereit stehen. Die Disposition des benötigten Materials richtet sich zunächst nach dem Fertigungsverfahren.

Bei der Einzelfertigung richtet sich der Materialbedarf an die eingehenden Aufträge (auftragsgesteuerter Disposition).

Bei Serien- und Massenfertigung gibt es zwei mögliche Verfahren:

- Plangesteuerte Disposition - Hier wird der Bedarf aus der Planung der vorliegenden Periode unter Berücksichtigung von Erfahrungswerten, Schätzungen und zu erwartenden Aufträgen ermittelt.
- Verbrauchsgesteuerte Disposition - Hier wird der Bedarf aus dem Verbrauch der vergangenen Perioden rechnerisch abgeleitet.

Neben den Lieferfristen und dem zu erwartenden Verbrauch müssen hier auch wirtschaftliche Aspekte berücksichtigt werden. Die Problematik der Kapitalbindung im Lager steht dabei im Vordergrund. Ziel ist es also, einen optimalen Vorrat an Materialien zu haben. In diesem Zusammenhang fällt der wichtige Begriff "optimale Bestellmenge". Wird Material in Eigenfertigung beschafft, spricht man von "optimale Losgröße".

Die Formel nach Andler für die optimale Bestellmenge ist:

$$x_{opt} = \sqrt{\frac{200 * M * K_B}{E * L_{HS}}}$$

x_{opt} = Optimale Bestellmenge

M = Jahresbedarfsmenge

E = Einstandspreis/Mengeneinheit

K_B = Bestellkosten/Bestellung

L_{HS} = Lagerhaltungskostensatz

Die optimale Bestellmenge kann in vielen Fällen die Lagerkapazitäten übersteigen oder für die tatsächliche Situation unrealistisch sein. Dann muss Sie entsprechend nach unten korrigiert werden. Dennoch ist sie ein wichtiger Anhaltspunkt für die Entscheidung.

Bestellverfahren

Folgende Bestellverfahren werden unterschieden:

- **Bestellpunktverfahren** - Sobald der Lagerbestand eine vorher bestimmte Untergrenze erreicht hat, wird die Bestellung veranlasst. Dabei muss gewährleistet sein, dass der **Sicherheitsbestand** noch vorhanden ist, wenn die Lieferung eingeht. Dieses Verfahren erfordert eine ständige

Überwachung der Bestände. Der Sicherheitsbestand ist die Menge, welche in der Zeit verbraucht wird, die von der Bestellung bis zum Eintreffen vergeht, zuzüglich Puffer für Schwankungen. Sie wird auch **eiserner Bestand** genannt. Diese Menge muss zu jederzeit im Lager vorrätig sein.
- **Bestellrhythmusverfahren** - Zu festgelegten Intervallen werden die Lagerbestände überprüft. Wenn eine festgelegte Referenzmenge unterschritten ist, wird die Bestellung ausgelöst. Wenn zu einer Überprüfung die Bestände knapp über Referenzpunkt liegen, und daher nicht bestellt wird, kann es passieren, dass bis zur nächsten Überprüfung die Bestände aufgezehrt sind. Daher sind Sicherheitszeiten und -mengen zu berücksichtigen.
- **Höchstbestandstrategie** – Diese ist eine Variante des Bestellrhythmusverfahren. Wenn zu den Überprüfungszeiten festgestellt wird, dass Material entnommen wurde, wird eine Bestellung ausgelöst, und zwar in der Menge, dass die Höchstbestände wieder erreicht werden. Hier wird Kapital gebunden und es entstehen zusätzliche Lagerkosten. Dafür sind aber Engpässe ausgeschlossen.

Neben der eigenen Lagerhaltung wie bereits erläutert (Vorratshaltung, Einzelbeschaffung und Just-in-time) kann als Alternative auch ein Logistikunternehmen als Fremdlager genutzt werden. Als Spezialist können Logistikunternehmen oft Lagerung günstiger und professioneller gestalten.

Bei Bestellstrategie und -menge muss auch der wirtschaftliche Aspekt berücksichtigt werden. Hierbei sind Einstandspreis, Lagerkosten und Bestellkosten wesentliche Größen.

So kann im Allgemeinen Folgendes festgehalten werden:

Wenn der Gesamtbedarf in größeren Mengen bestellt wird, sind

- die Lagerkosten hoch
- der Einstandspreis niedrig
- die Bestellkosten niedrig

Wenn in kürzeren Intervallen, kleinere Mengen bestellt werden, sind

- die Lagerkosten niedrig
- der Einstandspreis hoch
- die Bestellkosten hoch

Stefan Merz

3. Organisationsentwicklung

3.1 Grundgedanken der Organisationsentwicklung

Unter der Organisationsentwicklung versteht man einen geplanten, langfristigen und ganzheitlichen Entwicklungsprozess. Es werden unternehmensweit Lernprozesse initiiert, an denen sich alle Mitarbeiter aktiv beteiligen.

Die Unternehmen, denen es gelingt, ihre Geschäftsprozesse den sich ständig verändernden Marktbedingungen mit Hilfe gesteigerter Produktivität und verbesserter Lebens- und Arbeitsqualität anzupassen, erreichen einen Wettbewerbsvorteil.

Die Organisationsentwicklung erfolgt grundsätzlich auf folgenden Wegen:

- Prozesserneuerung = Veränderungsmanagement (Change Management)
  Dabei handelt es sich um einen radikalen Wandel der Organisationsstruktur im Interesse der Zukunftsfähigkeit des Unternehmens. Dieser Prozess geht in der Regel von der Geschäftsführung aus („top down“), wobei die Mitarbeiter nur bei der Umsetzung einbezogen werden.

- Prozessverbesserung = Organisationsentwicklung
  Hier werden kontinuierlich in kleinen Schritten Strukturen den neuen Anforderungen angepasst. Getragen wird dieser Prozess vor allem durch die Verbesserungsvorschläge der Mitarbeiter („bottom up“).

In der Praxis erfolgt oftmals eine Gleichsetzung der Begriffe Organisationsentwicklung und Veränderungsmanagement (Change Management). Diese beiden Begriffe lassen sich jedoch voneinander abgrenzen.

Dabei stellt die Organisationsentwicklung den umfassenderen Prozess dar, in den sich Phasen des Change Managements einordnen.

Die zwei am häufigsten in der Praxis verwendeten Methoden der Prozesserneuerungen sind:

- Business Reengineering oder Business Process Reengineering (BPR)
- Lean Management bzw. Lean Production.

Für die Geschäftsprozessneugestaltung, die ein grundlegendes Überdenken und Umgestalten der Organisationsstruktur des Unternehmens (basiert auf die Geschäftsprozesse) umfasst, steht das **Business Process Reengineering** (BPR). Durch die Anpassung und Einarbeitung der Mitarbeiter in die neuen Strukturen stellen sich die ersten Erfolge in der Regel mittelfristig ein.

Daher sind die Beachtung der Phasen Revitalisierung und Restrukturierung und insbesondere Erneuerung und Einstellungsänderung von entscheidender Bedeutung für den Erfolg von Business Process Reengineering.

Das **Lean Management** (Lean Production) steht für eine flache Hierarchie, die durch selbstständige und eigenverantwortliche Mitarbeiter mit Hilfe von kooperativen Führungstechniken erreicht wird. Im Laufe der Entwicklung eines Unternehmens wird die Organisationsstruktur immer umfangreicher.

Diesem Prozess wirkt das Lean Management entgegen, in dem die gewachsenen Strukturen kritisch betrachtet werden unter Berücksichtigung neuer Möglichkeiten der Aufgabenteilung im Fokus moderner Informations- und Kommunikationstechnologien.

Durch die Übertragung von Kompetenzen und Verantwortung an die Mitarbeiter können Hierarchieebenen eingespart werden.

Sinnvoll ist das Lean Management immer dort, wo lange Entscheidungsprozesse durch viele Instanzen die benötigten Informationsflüsse beeinträchtigen.

Die drei am häufigsten in der Praxis verwendeten Methoden der Prozessverbesserung sind:

- Kaizen
- Total Cycle Time (TCT)
- Six Sigma

Unter **Kaizen** (**Kai** = Wandel und **Zen** = zum Besseren) versteht man die ständige, systematische Verbesserung von Prozessen in kleinen Schritten. Basierend auf dem Potenzial der Mitarbeiter zur Problemlösung sollen Handlungsfelder wie Prozessstandardisierung, Verbesserung der Handhabung der individuellen Arbeitsplätze sowie sorgfältiger Umgang mit Ressourcen optimiert werden.
Dies führt nachhaltig zu einer kontinuierlichen Erfolgssteigerung.

Die **Total Cycle Time** (TCT) stellt eine Leistungssteigerung durch Verkürzung der Durchlaufzeiten in den Fokus, um dadurch die Prozesskosten zu senken, die Prozessqualität zu erhöhen und bessere Kundenzufriedenheit zu bewirken.

Der ganzheitliche Qualitätsansatz **Six Sigma** (Synonym für Null-Fehler-Qualität) entspricht dem Total-Quality-Management-Konzept (TQM) und kennzeichnet eine Denk- und Handlungsweise, die den Kunden in den Mittelpunkt stellt.
Sie trägt dazu bei, Imageverluste durch Qualitätsmängel, Kosten für Nacharbeiten und damit verbundene Lieferprobleme zu vermeiden.

Diese datenorientierte Methode, welche auf die Verringerung der Abweichung der Prozessergebnisse vom Zielwert fokussiert ist, bedient sich dabei des Prozessverbesserungszyklus (**DMAIC**-Zyklus).

Prozesserneuerung (Veränderungsmanagement / Change Management)	Prozessverbesserung (Organisationsentwicklung)
Methoden: •Business Reengineering oder Business Process Reengineering (BPR) = prozessorientierter Ansatz zur Neugestaltung von Organisationsstrukturen •*Revitalisierung* =umfassende Prozessneugestaltung •*Restrukturierung* =Änderung der Aufgabenteilung im Unternehmen •*Erneuerung* =organisatorische Einbindung der MA •*Einstellungsänderung* =Überwindung herkömmlicher Denkmuster •Lean Management bzw. Lean Production = Reduzierung (schlanke) der Hierarchieebenen durch veränderte Arbeitsinhalte.	Methoden: •Kaizen (bedeutet Wandel zum Besseren) = systematische Verbesserung in kleinen Schritten durch Vermeidung von Verschwendung •Total Cycle Time (TCT) = Reduzierung von Prozesszeiten durch Überwindung von Barrieren •Prozessbarrieren (Stillstand/Wartezeiten) •Sachbarrieren (fehlende Informationen) •Kulturbarrieren (unexakte Zielvorgaben) •Six Sigma = Null-Fehler-Methode durch Reduzierung der Abweichungen vom Zielwert. Dabei wird auf einem Prozessverbesserungszyklus (**DMAIC**-Zyklus) aufgebaut: **D**efinition, **M**essung, **A**nalyse, **I**mprove, (Verbesserung), **C**ontrol.

Darstellung: Prozesserneuerung und Prozessverbesserung

Auswirkung der Organisationsentwicklung auf die Funktionsausübung

Bei umfangreichen Veränderungsprozessen sind ganzheitlich, mit unterschiedlichem Umfang, alle Bereiche eines Unternehmens betroffen.
Die Impulse für Vorschläge zur Lösung von Detailproblemen kommen von den Mitarbeitern (**Bottom-up-Ansatz).** Diese werden bewertet und zusammengefasst und zur Entscheidung der obersten Führungsebene vorgelegt.

Diese entscheidet, welche organisatorischen Veränderungen benötigt werden, und spielt diese verbindlich als Vorgabe an die Mitarbeiter zurück (**Top-down-Ansatz).** Durch den engen Zusammenhang der beiden Wirkrichtungen wird dies als **Gegenstromverfahren** bezeichnet.

Merkmale	**Bottom-up**	**Top-down**	**Gegenstromverfahren**
Merkmale	Organisatorische Veränderungen ergeben sich aus Vorschlägen der Mitarbeiter	Organisatorische Veränderungen werden auf der obersten Führungsebene entschieden und durch Weisungen umgesetzt.	Entscheidungen der Geschäftsführung zu organisatorischen Veränderungen sind das Ergebnis vieler Verbesserungsvorschläge von Mitarbeitern.
Vorteile	Einbeziehung der Erfahrungen, Motivation und Identifikation der Mitarbeiter mit den Entscheidungs-prozessen.	Veränderungen werden aus der Unternehmensstrategie abgeleitet. Umsetzung der Veränderungen erfolgt kurzfristig.	Nutzung der Ideen der Mitarbeiter und Entscheidungen zu organisatorischen Veränderungen durch die Geschäftsführung.
Nachteile	Vorschläge spiegeln den begrenzten Überblick der Mitarbeiter wieder. Demotivation der Mitarbeiter bei Ablehnung der Vorschläge.	Verständnis für die organisatorischen Veränderungen kann fehlen. Mögliche geringe Akzeptanz der Mitarbeiter.	Längere Zeitdauer von Entscheidungsprozessen durch Einbeziehung der Anregungen von den Mitarbeitern.

*Darstellung 1: Entscheidungsverfahren (Bottom-up; Top-down; Gegenstrom*verfahren)

Für eine erfolgreiche Umsetzung des Veränderungsprozesses bedarf es einer Unternehmenskultur, die Kreativität, Engagement und Teamarbeit fördert, und der Bereitschaft des oberen Managements, Vorschläge und Ideen der Mitarbeiter anzuerkennen und zeitnah umzusetzen.

Phasen des Organisationszyklus

Ein wichtiges Denkmodell zur Organisationsentwicklung stammt von Kurt Lewin (Soziologe).

Sein Modell beinhaltet die drei Phasen:
- Weckung der Bereitschaft zu Veränderung (Auftauen)
- Veränderung der Organisation
- Feste Verankerung (Einfrieren) der neuen Lösungen

Den methodischen Rahmen für die praktische Gestaltung der Organisationsentwicklung bildet der Organisationszyklus (Arbeitsablaufstudie).

Bei der Reorganisation von Arbeitsabläufen hat sich die **Fünf-Phasen-Methode** bewährt:

1. Phase	IST-Aufnahme des bisherigen Arbeitsablaufs (Situationsanalyse)
2. Phase	Analyse und Kritik des IST-Zustands (Zielformulierung)
3. Phase	Erarbeitung des Vorschlags zur Organisationsveränderung (Lösungen / Soll-Zustand)
4. Phase	Einführung der neuen Organisation
5. Phase	Kontrolle der neuen Organisation

3.2 Organisationsentwicklung als Mittel für Veränderungsprozesse

Wandel von Kosten- und Prozessstrukturen

Die Aufbauorganisation (= analytische Aufgabenzerlegung), aufgrund deren Ergebnis die Ablauforganisation (= Prozessstruktur) festgelegt wird, sind zusammen die Gestaltungsfelder der Organisation.

Die Marktveränderungen erfordern eine flexible Reaktion und Verbesserung der Innovationsfähigkeit (flexible Anpassung der zeitlichen und räumlichen Abläufe) der Unternehmen.

Dieser Wandel in den Prozessstrukturen und die inhaltliche Gestaltung der Kernprozesse erfolgt durch die Modularisierung (Merkmale: Kunden-, Prozess-, Gruppen-, Ergebnisorientierung) im Interesse kundenorientierter Abläufe durch kleine Module.

Die Abläufe im Unternehmen und insbesondere die Kostenzusammenhänge sind exakt zu bestimmen. Zentrale Aufgabe ist dabei die Verbesserung der Kostenzurechnung auf Kostenobjekte und die Prozesskostenrechnung als wichtiges Steuerungsinstrument.

Wandel der Organisations- und Kommunikationsstrukturen

Change Management bedeutet nicht nur Veränderung von Strategien, organisatorischen und technischen Strukturen, sondern auch von Verhaltensnormen, Denkmustern und den Kommunikationsstrukturen (Kreis-, Ketten-, Stern-, und Netzstruktur).

Die aktive Einbeziehung aller Mitarbeiter mit gut strukturierter und gesteuerter Kommunikation in den Wandel der Organisation ist ein wichtiger Erfolgsfaktor für Veränderungen.

Tarkan Bülbül

4. Entgeltfindung und kontinuierliche Verbesserung

4.1 Formen der Entgeltfindung

Lohn und Gehalt sind der Preis für den Produktionsfaktor Arbeit. Bei gewerblichen Arbeitnehmern spricht man von **Lohn**, bei Angestellten von **Gehalt**. Für Beamte sind die Begriffe **Bezüge** und **Besoldung** üblich. Allgemein wird der Begriff **Entgelt** verwendet.

Die rechtlichen Grundlagen zur Entlohnung sind, soweit vorhanden, der jeweilige Lohntarifvertrag, weitere Tarifverträge, das Betriebsverfassungsgesetz, das HGB, das BGB und das Grundgesetz.

4.1.1 Anforderungs- und leistungsabhängige Entgeltdifferenzierung

Das Entgelt ist eine entscheidende Motivation für den Mitarbeiter, seine Leistung dem Unternehmen zur Verfügung zu stellen. Die Höhe des Entgelts, aber auch die Gerechtigkeit im Vergleich zu Kollegen, ist ein wichtiger Zufriedenheitsfaktor für den Mitarbeiter.

Eben die Leistung steht bei der Entgeltfindung im Mittelpunkt. Für die richtige Leistungsbeurteilung stehen dem Unternehmen Instrumente wie Arbeits- und Zeitstudien, Zielvereinbarungen oder auch Leistungsbeurteilungen zur Verfügung.

Bei der Entgeltpolitik wird in vier Bestimmungsgrößen unterschieden:

- **Anforderungsgerecht -** Nicht die Leistung, sondern die Anforderungen und Bedingungen des Arbeitsplatzes (Qualifikation, Fähigkeiten, Arbeitsplatzbewertung, Lärm, Hitze, schwere körperliche Tätigkeit usw.) sind entscheidend.
- **Leistungsgerecht -** Anhand von Messungen oder Bewertungen wird die Leistung des Mitarbeiters ermittelt und entsprechend entlohnt.
- **Verhaltensgerecht -** Hier steht die Art- und Weise der Leistungserbringung im Vordergrund (Pünktlichkeit, Zuverlässigkeit, Unfallfreiheit, Ausfallquote). Meist wird das Verhalten durch zusätzliche Prämien entlohnt.
- **Sozialgerecht -** Berücksichtigt die Lebensumstände und die Person des Mitarbeiters (Alter, Familienstand, Kinder, Betriebszugehörigkeit usw.).

In der Praxis fließen alle dieser Kriterien in die Entgeltfindung oft gemeinsam ein.

Anforderungsgerechte Entlohnung

Sie wird mit Hilfe der Arbeitsbewertung ermittelt.

Dazu werden die Tätigkeiten nach folgenden Kriterien differenziert:

- Vorausgesetzte Fachkenntnisse
- Geistige Anstrengung der Tätigkeit
- Körperliche Anstrengung bei der Tätigkeit
- Verantwortung
- Umwelteinflüsse, wie Lärm, Schmutz, Hitze etc.

Genfer Schem	REFA Schema	Beispiele	Datenermittlung
Können	Kentnisse	Ausbildung, Erfahrung	in Klassen beschreibbar
	Geschicklichkeit	Handfertigkeit, körpergewandtheit	
Verantwortung		für eigene Arbeit	in klassen beschreibbar, kosequenzen abschätzbar
		für Arbeit miteinander	
Belastung	geistige Belastung	Aufmerksamkeit, Denktätigkeit	Dauer, Art, Häufigkeit messbar, bzw. beschreibbar
	muskel-belastung	dynamische, einseitige Tätigkeit	
Umgebungseinflüsse		Klima Staub Lärm Hitze	Messbar, zählbar
		Nässe schmutz Dämpfe	in klassen beschreibbar
		Erkältungsgefahr	allgemein

Verfahren der Arbeitsbewertung

Die qualitativen Methoden sind:

- Summarische Methode – Dies ist die Erfassung und Bewertung eines Arbeitssystems als Ganzes.
- Analytische Methode - Hier werden die einzelnen Anforderungen gegliedert und einzeln bewertet. Aus der Summe aller Anforderungen ergibt sich der gesamte Arbeitswert bzw. die Entgeltgruppe.

Die quantitativen Methoden sind:

- Reihung - Hier werden einzelne Verrichtungen nach dem Schwierigkeitsgrad in Reihenfolge geordnet.
- Stufung - Die Verrichtungen werden bereits vorhandenen Anforderungsstufen zugeordnet.

Aus der Kombination dieser Methoden ergeben sich vier Grundverfahren der Arbeitsbewertung. Das Schema unten verdeutlicht diese vier auch im direkten Vergleich:

	Summarisch	**Analytisch**
Reihung	**Rangfolgeverfahren** A < D = C < B	**Rangreihenverfahren** Geistige A. A < D = C < B 20 40 40 80 Körperliche A. ----------------
Stufung	A → Gruppe 1 B → Gruppe 2 C → Gruppe 3 D → Gruppe 3 **Lohngruppenverfahren**	äußerst gering 0 leicht mittelschwer 4 hoch 6 Sehr hoch 8 extrem hoch 10 A → leicht B → extrem hoch C → hoch D → hoch **Stufenwertzahlverfahren**

4.1.2 Lohnarten

Zeitlohn

Es werden zwei Arten beim Zeitlohn unterschieden:

- Zeitlohn ohne Leistungsbewertung - Die Entgeltfindung resultiert hier ausschließlich aus der Arbeitsbewertung. Häufig wird sie in Verwaltungs- und Dienstleistungsbereichen verwendet. In der Industrie wird sie häufig in Kombination mit der Leistungsbewertung eingesetzt.
- Zeitlohn mit Leistungsbewertung – In regelmäßigen Abständen, mindestens ein Mal im Jahr, erfolgt eine Leistungsbewertung. Die Bewertungskriterien

leiten sich im Allgemeinen aus den Tarifverträgen ab. Die Leistungsprämie wird für die vergangene Periode gezahlt mit dem Ziel, den Mitarbeiter zu gleichen Leistungen in der Zukunft zu motivieren.

- Pensumlohn – Dies ist eine Sonderform. Hier werden für die nächste Periode ein Arbeitspensum und dafür eine Leistungszulage vereinbart. Nach Ende der Periode wird überprüft, ob die Leistung erreicht oder überschritten wurde. Eine bessere Leistung als vorgegeben wird nicht nochmal belohnt, bei schlechterer Leistung kann die Prämie stufenweise gekürzt werden. Der Vorteil für den Mitarbeiter liegt in der Vorhersehbarkeit des Lohnes für die ganze Periode. Hierunter fallen "Vertragslohn", "Programmlohn" und "Measured-day-Work-Lohn".

Leistungslohn

Bei der leistungsbezogenen Entlohnung sind Akkordlohn und Prämienlohn üblich:

Akkordlohn

Als Grundlage wird die vom Menschen beeinflussbare Mengen- oder Zeitleistung herangezogen. Proportional zur Leistung kann hier durch den Mitarbeiter selbst die Lohnsteigerung erreicht werden.

Stückakkord - Hier wird die Mengenleistung für eine vorgegebene Zeit (Stückzahl) als Basis genommen. Die Menge, die in dieser Zeit produziert wird, im Vergleich zu der unter normalen Annahmen zu produzierenden Menge ergibt einen Faktor, welcher mit dem Akkord-Grundlohn multipliziert wird.

Beispiel:
Von einem Produkt sollen 30 pro Stunde hergestellt werden. Schafft ein Arbeitnehmer 33, so wird sein Grundlohn mit 1,1 multipliziert.

Zeitakkord - Hier wird die Zeitvorgabe für eine bestimmte Menge als Basis genommen. Die Zeit, die der Mitarbeiter tatsächlich braucht wird verglichen.

Hinweis:
Die Berechnungsformeln finden Sie in den Formelsammlungen unter "Akkordlohn".

Voraussetzungen für die Anwendung von Akkordlohn sind die

- **Akkordfähigkeit** (Der Prozess ist bereits bekannt, wiederholt sich regelmäßig und oft, läuft immer gleich ab und ist messbar), und
- **Akkordreife** (Arbeitsablauf ist ausgereift und mängelfrei, der Mitarbeiter ist eingearbeitet und beherrscht die Aufgabe)

Vorteile des Akkordlohns:

- Leistungsgerechte Entlohnung, Akzeptanz bei den Mitarbeitern als gerechte Entlohnung
- Hohe Produktivität
- Leistung ist einfach zu kontrollieren und zu bewerten
- Leistungskennzahlen können auch für Kalkulation und Planung verwendet werden.

Nachteile des Akkordlohns:

- Nur akkordfähige und akkordreife Prozesse kommen in Frage
- Datenerhebung und Lohnberechnung sind aufwendig
- Betriebsklima kann beeinträchtigt werden, wenn einzelne Mitarbeiter den Akkord in die Höhe treiben, weil sie viel mehr Einsatz bringen als andere Kollegen. So kann die Vorgabezeit erhöht werden, da viel mehr Leistung zu schaffen ist. Die Belegschaft muss dann für den gleichen Lohn mehr leisten.
- Die Vorgabezeiten und -mengen müssen ständig auf Aktualität und Machbarkeit überprüft werden. Sie müssen auch bei Änderungen im Prozess angepasst werden.

Prämienlohn

Neben dem Grundlohn werden hier Zusatzprämien für Leistungen gezahlt. Im Unterschied zum Akkordlohn beziehen sich die Prämien nicht nur auf Mengen- oder Zeitleistungen.
Mögliche Grundlagen für Prämien sind

- **Quantität** - Mengen- oder Zeitleistung
- **Qualität** - Erreichen der Qualitätsvorgaben, Ausschuss, Bruch usw.
- **Ersparnisse** - für Sparsamen Umgang mit Material, Hilfsstoffe, Energie usw. Dies darf aber nicht zu Qualitätsverlust führen.

- **Nutzungsprämie** - optimale Nutzung der Betriebsmittel (Maschinen usw.), Minimierung von Wartezeiten etc.
- **Sicherheit** - z.B. Belohnung für Unfallfreies Arbeiten.

Vorteile des Prämienlohns

- Leistungsorientierung auch dann, wenn der Prozess nicht akkordfähig ist.
- Auslobung von Prämien im Vorfeld erhöhen die Motivation
- Begrenzung der Löhne nach oben
- Leistungskennzahlen können auch für Planung und Kalkulation verwendet werden.

Nachteile des Prämienlohns

- Datenerfassung und Lohnberechnung sind auch hier aufwändig
- Das Betriebsklima kann beeinträchtigt werden, wenn die Prämien nicht klar nachvollziehbar sind. Auch an eine gesamte Arbeitsgruppe ausgelobte Prämie kann innerhalb der Gruppe für Missstimmung sorgen, wenn einzelne Personen für das Ausbleiben verantwortlich gemacht werden.

Andere Zulagen

Neben den eher individuellen Entlohnungsprämien für reine Leistung gibt es auch die sogenannte **Erfolgsbeteiligung**. Diese Erfolgsprämie wird an dem Gesamterfolg des Unternehmens gemessen. Diese werden anhand von Umsatz, Gewinn, Wertschöpfung usw. ermittelt.

Die Erfolgsprämie kann

- zu gleichen Anteilen,
- nach der Stellung im Betrieb (Position, Betriebszugehörigkeit, Kinderzahl usw.) oder
- prozentual zum Grundlohn gezahlt werden.

Weitere bekannte Zulagen und Prämien sind **Zuschläge** wie Nacht-, Sonntags-, Überstundenzuschläge oder **Einmalzahlungen** wie Weihnachtsgeld, Urlaubsgeld, Tantiemen etc.

4.2 Innovation und kontinuierliche Verbesserung

Das Ziel des kontinuierlichen Verbesserungsprozesses (**KVP**) ist die ständige Verbesserung im Unternehmen, um mit den Veränderungen und neuen Anforderungen schritthalten, und damit den Erfolg des Unternehmens sichern bzw. verbessern zu können.

In diesem Zusammenhang hat sich weltweit der Begriff **Kaizen** aus dem Japanischen etabliert. Er bedeutet sinngemäß

"Wandel zum Besseren"

Es ist wichtig, nicht nur auf Anforderungen von außen zu reagieren, sondern unabhängig davon das eigene Unternehmen ständig auf Verbesserungsmöglichkeiten hin zu überprüfen. Naturgemäß ist der Reagierende nämlich immer einen Schritt hinter dem Geschehen.

Bei den obigen Ausführungen steht das Wort "ständig" immer wieder im Mittelpunkt. Dies bedeutet, dass die Verbesserung kein einmaliges Projekt ist, sondern ein Prozess, der niemals endet. Daher wird im KVP von einem "Regelkreis" gesprochen, in dem die unten geschilderten wichtigen Stationen permanent aufeinander folgen:

Im Englischen werden die Schritte " Plan-Do-Check-Act" genannt. Die Abkürzung **PDCA-Zyklus** bzw. **Deming-Kreis**, nach seinem Erfinder, sind die gängigen Namen für diesen Kreis.

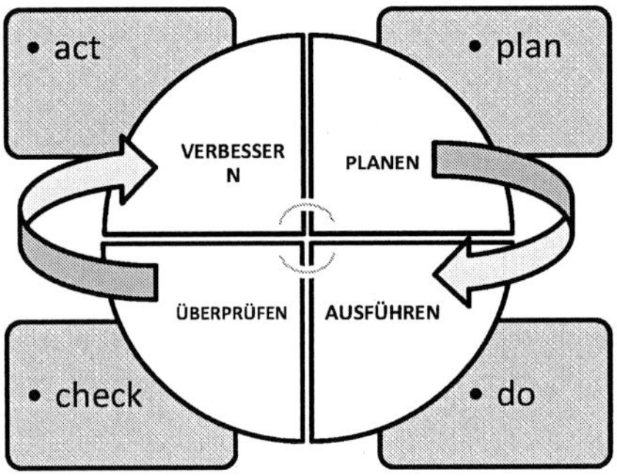

Planen - Ist-Zustand des Prüfgegenstands, Prüfverfahren, Prüfungsablauf, Ziele

Ausführen - Fehlererkennung und Beseitigung, Lösungsmöglichkeit/ Idee umsetzen,

Überprüfen - Überprüfung des Erfolgs der umgesetzten Lösungsmöglichkeiten.

Verbessern - Korrekturen im Nachgang, mögliche Defizite bei der Umsetzung der Lösung oder Fehler in den Ideen an sich verbessern.

Im Detail sprechen wir auch von den 6 Schritten des KVP:

1. **Beschreiben** Am besten durch W-Fragen: Was soll warum, wo, wann, durch wen und wie getan werden.
2. **Istzustand** Daten erfassen, Messungen, Berechnungen usw.
3. **Bewerten** hierzu sind unter anderem Punktebewertung, Diagramme oder Tabellen geeignet.
4. **Erarbeiten** Lösungen erarbeiten und vorliegende Lösungsvorschläge bewerten.
5. **Umsetzung planen** - Zuständigkeiten und Aufgaben verteilen, Teamgespräch, Ablauf planen usw.
6. **Umsetzung** gleichzeitige Kontrolle der Umsetzung.

Hierbei zeichnet sich der KVP insbesondere dadurch aus, dass alle Mitarbeiter im Unternehmen in diesen Prozessen mit einbezogen, ihre Ideen gehört und bewertet werden. Denn der Mitarbeiter kennt seinen Arbeitsplatz am besten. In der Regel wird der KVP in Gruppenarbeit angegangen.

KVP als wesentliches Instrument von Innovationen

Während die Innovation meist als sprunghafte, zum Teil spontane Veränderungen definiert wird und immer wieder für sich einmalige Projekte darstellt, ist KVP, wie bereits oben erwähnt, ein Instrument zur ständigen Verbesserung in kleineren Schritten.

Im KVP werden also neue Ideen und Innovationen systematisch gesucht, um das Unternehmen langfristig und kontinuierlich auf Verbesserungs- und Wachstumskurs zu halten.

Für gefährdete und stark erneuerungsbedürftige Unternehmen kann aber KVP nicht immer geeignet sein, wenn schnelle und radikale Veränderungen nötig sind. Die Tabelle unten zeigt einen direkten Vergleich in wesentlichen Punkten:

Aspekte ergonomischer Arbeitsplatzgestaltung

Alle Maßnahmen, die geeignet sind, die Arbeit rational zu gestalten, fallen unter die Definition "Ergonomische Arbeitsplatzgestaltung". Ergonomie bedeutet die Anpassung von Arbeit und Betriebsmittel an die psychologischen und körperlichen Eigenschaften des Menschen.

Neben dem Hauptziel, die Arbeit und die wirtschaftliche Leistung zu optimieren, soll moderne Arbeitsplatzgestaltung auch gesundheitliche, soziale und psychologische Aspekte berücksichtigen. Eine menschengerechte Gestaltung ist also das zweite, nicht minder wichtige Ziel. Leicht zu erkennen ist die Tatsache, dass beide Ziele sich gegenseitig ergänzen.

Die REFA-Methodenlehre unterscheidet zwischen folgenden Aspekten:

- **Anthropometrische Arbeitsplatzgestaltung -** Dies bedeutet, dass der Arbeitsplatz an die menschlichen Körpermaße angepasst wird. Beispiele hierzu sind Eigenschaften und Höhen von Arbeitstischen, stehende Arbeitsplätze, Stühlen usw. welche genau nach DIN- und ISO genormt sind.

  Beispiel:
  Ein Arbeitstisch gilt als ergonomisch, wenn nach Anordnung der Arbeitsmittel genug Ablagefläche bleibt, die Oberfläche nicht spiegelt/reflektiert, der Tisch höhenverstellbar oder genau 72 cm hoch ist, und ausreichend Beinraum bietet (Beinraum: H 65 cm * B 58 cm * T 60 cm).

- **physiologische Arbeitsplatzgestaltung** - Einflussfaktoren, die in diesem Zusammenhang die Leistung beeinträchtigen oder die Ermüdungsdauer beeinflussen können sind z.B. Belüftung, Klima, Temperatur, Beleuchtung, Lärm, Staub, Schmutz, usw.
- **Psychologische Arbeitsplatzgestaltung -** Der Arbeitsplatz wird so gestaltet, dass der Mitarbeiter sich dort wohlfühlen kann. Besonders wichtige Faktoren sind Farben und besondere Farbkontraste, Geräusche, evtl. Musik, Pflanzen im Raum, Bilder usw.
- **Organisatorische Arbeitsplatzgestaltung** - Hierzu gehören Arbeitsstrukturierung, Arbeits- und Pausenzeiten, räumliche Position des Arbeitsplatzes innerhalb des Unternehmen usw.
- **Informationstechnische Arbeitsplatzgestaltung** - Das sind alle Maßnahmen, welche die optimale Aufnahme von Informationen sichern. Informationen werden durch Hören, Sehen und Tasten wahrgenommen, was zu berücksichtigen ist. Beispielsweise müssen akustische Signale und Durchsagen in hörbarer Lautstärke erfolgen, damit man diese hört, auch wenn man sie nicht erwartet.
- **Sicherheitstechnische Arbeitsplatzgestaltung** - Die Gestaltung des Arbeitsplatzes muss vor allem auf Unfallverhütung ausgerichtet sein. Das ergibt sich aus einer Vielzahl von Vorschriften wie den DGUV-Vorschriften der „Deutschen Gesetzlichen Unfallversicherung oder staatlichen Vorschriften wie dem Arbeitsschutzgesetz.

Zeit- und Bewegungsstudien

Im Sinne der Arbeitsplatzgestaltung sind auch Studien über die Bewegungsabläufe und die benötigte Zeit notwendig.

Zeitstudien sind genaue Messungen, um die durchschnittlich benötigte Zeit für die Verrichtung einer bestimmten Tätigkeit zu ermitteln. Sie wird häufig für Stückakkordstudien angewandt. Der Arbeitsplatz soll so gestaltet sein, dass unnötige Wege, Bewegungen und Störfaktoren beseitigt werden.

Da jede Arbeitskraft ihre eigene Arbeitsgeschwindigkeit hat, wird in der REFA auch eine durchschnittliche Zeit ermittelt. Diese wird **normale Leistungsgrad** genannt und mit 100 % angegeben. Diese Zeit entspricht aber nicht exakt der Vorgabezeit, denn bei der Vorgabezeit werden Unterbrechungen durch Störungen, Erholung usw. berücksichtigt. Um die Zeitvorgaben möglichst präzise zu gestalten, werden Tätigkeit zu sehr kleinen Grundbewegungen zerteilt, wobei jede einzeln bewertet wird (z.B. Hinlangen, Greifen, Platzieren, Loslassen usw.).

Die bekanntesten Methoden sind

- REFA - Standardprogramm zur Planzeitermittlung
- MTM - Methods Time Measurement
- WF - Work Factor

4.3 Bewertung von Verbesserungsvorschlägen

Das betriebliche Vorschlagswesen, BVW, lobt im Unternehmen Prämien für Verbesserungsvorschläge aus, wenn der Vorschlag für gut befunden und umgesetzt wird. Alle Mitarbeiter im ganzen Unternehmen können ihre Ideen gegen Prämien einbringen.

Meist ist aber die Führungsebene ausgeschlossen, da Verbesserungen ohnehin zu ihren Aufgaben gehören und nicht zusätzlich belohnt werden. Außerdem soll dadurch ein "Ideenklau" seitens der Vorgesetzten verhindert werden. Die Mitarbeiter melden ihre Ideen nämlich in der Regel an ihre Vorgesetzen. In den meisten Betrieben wird ein BVW-Beauftragter genannt, der die Ideen der Mitarbeiter entgegennimmt. In manchen Betrieben werden nur Ideen angenommen, die vom jeweiligen Vorgesetzten des Mitarbeiters unterstützt werden.

Idealer erscheint aber die Anonymität des Ideengebers um persönliche Ungerechtigkeit durch Vorgesetzte, Druck und Neid von Kollegen zu verhindern.

Ein Vorschlag sollte

- eine neue Idee enthalten
- eine Verbesserung des Ist-Zustandes bewirken
- unter allen Gesichtspunkten, insbesondere wirtschaftlich sinnvoll sein
- eine Verbesserung bringen, deren Umsetzung nicht irgendwann zwangsläufig eingeführt werden müsste

Für die Prämienberechnung werden Ideen mit Punkten in verschiedenen Kategorien bewertet. Die Gesamtpunktzahl wird zur Berechnung der Prämienhöhe als Grundlage genommen.

Die Kategorien können sein:

- Stellung - Je nach Stellung in der Hierarchie erhält in der Regel der niedrigere Rang mehr Punkte
- Arbeitsplatznähe - Je näher der Vorschlag den Arbeitsplatz des Vorschlagenden betrifft, desto weniger Punkte
- Ausführungsreife - Wenn die Idee bereits durchdacht und sofort umsetzbar ist, erhält sie mehr Punkte als eine Idee, die noch verbessert werden muss
- Neuartigkeit - Absolut neue Ideen werden höher bewertet als solche, die ein ähnliches Vorbild haben.

- Brauchbarkeit - Wie wichtig ist die Verbesserung für das Unternehmen bzw. wie hoch wird der Nutzen sein. Hier kann stufenweise von "sehr geringe Bedeutung" bis "sehr große Bedeutung" mit einer Skala von z.B. 1-100 Punkten bewertet werden.

Nach der Bewertung in Punkten wird eine interne Formel angewendet, um den Betrag der Prämie zu ermitteln. Diese kann sich unterscheiden.

Beispiel:
Jeder Punkt wird mit 2,00 € prämiert.

Der Vorschlag des Mitarbeiters wird folgendermaßen bewertet:

Stellung:	1 Pkt.	(Vorgesetzter)
Nähe:	2 Pkt.	(Vorschlag nahe am eigenen Arbeitsplatz)
Reife:	15 Pkt.	(Vorschlag kann sofort umgesetzt werden)
Neuartigkeit:	5 Pkt.	(Vorschlag in einem Betrieb ähnlich angewendet)
Brauchbarkeit:	75 Pkt.	(Große Bedeutung)

In diesem Betrieb wird nach folgender Formel berechnet:

(S+N+R) x B x Nä x 2 =
21 x 75 x 2 x 2 = 6300 €

5. Kostenträger-, Kostenstellen,- Kostenartenrechnung und Kalkulationsverfahren (Kosten-und-Leistungsrechnung)

5.1 Grundlagen des Rechnungswesens

5.1.1 Bereiche des Rechnungswesens

Das Rechnungswesen versorgt das Unternehmen mit Informationen, Bewertungen und Zahlen und dient somit als Kontroll- und Lenkungsinstrument.

Das kaufmännische Rechnungswesen gliedert sich in vier Bereiche:

- **Finanzbuchhaltung** - Dieser Teil ist gesetzlich vorgeschrieben. Sie umfasst die Buchführung (Dokumentation aller Geschäftsfälle), Jahresabschluss, Erfolgsrechnung und Bilanz.
  Ihre Aufgaben sind Dokumentation, Rechenschaftslegung und Kontrolle. Sie liefert die notwendigen Informationen für Planungen und Entscheidungen. Außerdem kann sie in Streitfragen Beweise liefern.
- **Kostenrechnung** – Diese wird auch KLR (Kosten- und Leistungsrechnung) genannt. Sie bedient sich aus den Zahlen der Finanzbuchhaltung und beschäftigt sich mit den Preisen, der Wirtschaftlichkeit der Unternehmung und mit der Erfolgsermittlung. Hier werden, wie der Name bereits besagt, die eigene Leistung (Produktion, Absatz, Umsatz ...) und die betrieblichen Kosten ermittelt, berechnet und analysiert. Sie befasst sich mit
  - Kostenartenrechnung (z.B. Personalkosten)
  - Kostenstellenrechnung (z.B. Abteilungen)
  - Kostenträgerrechnung (Produkte)
- **Planung** - Anhand der Ergebnisse aus der KLR und der Statistik strebt die Planung kurz- und langfristige Entscheidungen (z.B. Mengenplanung für die nächste Periode) an.
- **Statistik** - Sie erfasst alle Erkenntnisse aus der KLR und bereitet sie als Information und Entscheidungshilfe für die Leitung vor. Sie arbeitet eng mit der Planung zusammen und wird meist mit ihr zusammengefasst (Abteilung Controlling)

5.1.2 Buchführung

Wie oben erwähnt ist die Buchführung der Kern des externen Rechnungswesens. Ihre Aufgabe ist es, folgende Informationen in einer gesetzlich vorgeschriebenen Weise zu dokumentieren:

- Alle Vorgänge, die den Wert des Vermögens und der Schulden verändern
- Alle Vorgänge, die den Erfolg des Unternehmens verändern (Ertrag-Aufwand)
- Alle Geldeinnahmen und Geldausgaben

Diese Aufzeichnung erfolgt in zeitlicher Ordnung und nach einer Aufteilung in Konten. Die Aufzeichnung der Vorgänge (Geschäftsfälle genannt) bezeichnet man als **Buchung**. Diese Buchführung wird **Finanzbuchhaltung** genannt. Daneben gibt es die interne KLR, die keinen gesetzlichen Normen unterstellt ist. Sie wird **Betriebsbuchhaltung** genannt. Ihre Aufgaben sind bereits unter Finanzbuchhaltung erwähnt.

Gesetzliche Grundlagen

Die gesetzlichen Grundlagen ergeben sich aus dem Wirtschafts- und Steuerrecht.

Das maßgebliche Gesetz im Wirtschaftsrecht ist das **Handelsgesetzbuch (HGB)**. Es behandelt alle rechtlichen Fragen zu Buchführung, Bilanz, Offenlegung, Rechnungsstellung, Gläubigerschutz und vielem mehr. In drei verschiedenen Abschnitten enthält sie Vorschriften über **Kaufleute, Kapitalgesellschaften** und **Genossenschaften.**

Weitere Gesetze im Wirtschaftsrecht sind Publizitätsgesetz (PublG), Aktiengesetz (AktG), GmbH-Gesetz (GmbHG) und Genossenschaftsgesetz (GenG).

Steuergesetze

Die Vorschriften zur Buchführung sind in der Abgabenordnung (AO) festgelegt. Es gibt zwei Arten von Buchführungspflicht:

Die abgeleitete Buchführungspflicht - Wer aufgrund anderer Gesetze (z.B. Wirtschaftsgesetzen für Kapitalgesellschaften) zu Buchführung verpflichtet ist, ist es auch nach dem §140 AO.

Die originäre Buchführungspflicht - nach §141 AO sind Unternehmen mit

- Umsatz > 500.000 € / Jahr oder
- Gewinn > 50.000 € / Jahr oder
- Land- und forstwirtschaftliche Betriebe, wenn sie eine Fläche bewirtschaften, deren Wert größer als 25.000 € ist,

zur Buchführung verpflichtet.

Wer keine der oben genannten Kriterien erfüllt, ist nicht zur Buchführung verpflichtet. Er kann eine Überschussrechnung nach § 4 Abs. 3 EstG erstellen, oder sein zu versteuerndes Einkommen wird von den Finanzämtern geschätzt.

! Wer freiwillig Buchführt, hat **alle** Verpflichtungen zu tragen, die sich daraus ergeben.

5.1.3 Inventur und Inventurverfahren

Der Kaufmann ist nach §240 HGB verpflichtet, zu Geschäftsbeginn und spätestens alle 12 Monate sein Vermögen und seine Schulden mengenmäßig festzustellen und diese und ihre Werte in einem Verzeichnis zu führen. Dieses Verzeichnis wird **Inventar** genannt. Die Mengenfeststellung geschieht durch eine körperliche Bestandsaufnahme. Diese wird **Inventur** genannt.

Inventurverfahren

Die verschiedenen Inventursysteme unterscheiden sich nach Zeitpunkt und Zeitraum:

- **Stichtagsinventur** - Standartsystem. Zum Bilanzstichtag erfolgt die körperliche Bestandsaufnahme. Sie ist für fragile Bestände (schnelle Veränderung des Bestands durch Schwund, Verderben, Bruch) geeignet.

- **Vor-/nachgelagerte Inventur** - Die Bestandsaufnahme kann bis zu 3 Monate vor oder bis zu 2 Monate nach dem Bilanzstichtag erfolgen. Die Bestandsveränderungen dazwischen werden fortgeschrieben oder zurückgerechnet (Bestandsaufnahme plus Wareneingang minus Warenausgabe / Umsatz).

- **Permanente Inventur** - Hier erfolgt im gesamten Geschäftsjahr permanente Bestandsaufnahme anhand von Lagerbüchern. Wareneingangsdatum, Art und Menge werden in den Büchern permanent erfasst. Die Lagerbücher müssen einmal im Jahr durch körperliche Bestandsaufnahme überprüft werden.

Die Inventurverfahren unterscheiden sich nach Art der Durchführung:

- **Vollaufnahme** - Alle Gegenstände, die gemessen, gezählt oder gewogen werden können, können auch körperlich erfasst werden. Die Erfassung **sämtlicher** Gegenstände wird Vollaufnahme genannt.

- **Stichprobeninventur** - Hier wird eine teilweise körperliche Bestandsaufnahme vorgenommen und der Gesamtbestand mathematisch ermittelt.

- **Buchmäßige Inventur** - Für bestimmte Vermögensgegenstände und Schulden, die körperlich nicht erfasst werden können, wird dieses Verfahren verwendet. Hier wird der Bestand anhand von Rechnungsunterlagen, Kontoauszügen etc. ermittelt.

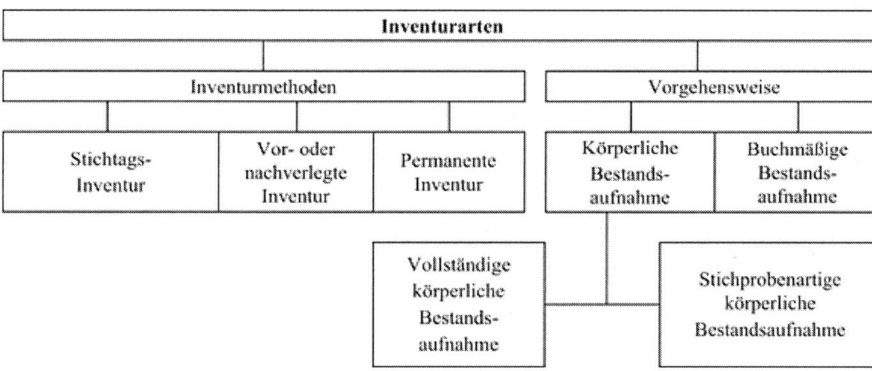

Inventarverzeichnis

Die Reihenfolge der Auflistung zum Inventar kann anhand eines Musters veranschaulicht werden.

A. VERMÖGEN				EUR
I.	**Anlagevermögen**			
	1.	Immaterielles Vermögen	(lt. Liste .....)	
	2.	Grund und Boden	(lt. Liste .....)	
	3.	Gebäude	(lt. Liste .....)	
	4.	Maschinen	(lt. Liste .....)	
	5.	Fuhrpark	(lt. Liste .....)	
	6.	Betriebs- und Geschäftsausstattung	(lt. Liste .....)	
	7.	Ladeneinrichtung	(lt. Liste .....)	
	8.	Finanzanlagen	(lt. Liste .....)	
II.	**Umlaufvermögen**			
	1.	Rohstoffe	(lt. Liste .....)	
	2.	Hilfsstoffe	(lt. Liste .....)	
	3.	Betriebsstoffe	(lt. Liste .....)	
	4.	Unfertige Erzeugnisse	(lt. Liste .....)	
	5.	Fertige Erzeugnisse	(lt. Liste .....)	
	6.	Handelsware	(lt. Liste .....)	
	7.	Forderungen an Kunden	(lt. Liste .....)	
	8.	Sonstige Forderungen	(lt. Liste .....)	
	9.	Bankguthaben	(lt. Liste .....)	
	10.	Kassenbestand	(lt. Liste .....)	
Summe des Vermögens				
B. SCHULDEN				
I.	**Langfristige Schulden**			
	1.	Hypotheken	(lt. Liste .....)	
	2.	Darlehen	(lt. Liste .....)	
II.	**Kurzfristige Schulden**			
	1.	Verbindlichkeiten an Lieferer	(lt. Liste .....)	
	2.	Sonstige Verbindlichkeiten	(lt. Liste .....)	
Summe der Schulden				
C. ERMITLUNG DES EIGENKAPITALS				
		Summe des Vermögens		
	-	Summe der Schulden		
	=	Reinvermögen		

5.1.4 Bilanz, G+V, und Anhang

Nach § 241 HGB muss jeder Kaufmann (außer Einzelkaufleute mit Umsatz unter 500.000 € pro Jahr oder einem Gewinn unter 50.000 € pro Jahr) einen Jahresabschluss, bestehend aus Bilanz und Gewinn und Verlustrechnung, aufstellen.

Kapitalgesellschaften müssen diesem einen Anhang und einen Lagebericht hinzufügen (siehe weiter unten).

Bilanz

Zu Beginn der Geschäfte und zum Abschluss jedes Geschäftsjahres muss eine Bilanz erstellt werden. Dabei stehen alle vom Unternehmen verwendeten Mittel mit

- der Herkunft dieser Mittel auf der rechten Seite **(Passiva)**
- der Verwendung dieser Mittel auf der linken Seite **(Aktiva)**

Beide Seiten müssen sich in der Gesamtsumme gegenseitig die Waage halten (bilanca = italienisch für Waage), also den gleichen Betrag ergeben. Die Inhalte sind in folgendem Muster dargestellt.

Verwendung **Die Bilanz zum ....** Herkunft

Aktiv		**Passiv**	
I. Anlagevermögen		**I. Eigenkapital**	______
1. Immat.Verm.Gegenstände	______		
2. Grundstücke, Bauten,	______	**II. Verbindlichkeiten**	______
3. Techn.Anlagen, Maschinen	______	1. Hypotheken	______
4. Fahrzeuge / Fuhrpark	______	2. Darlehn / Kredite	______
5. Ladeneinrichtung	______	3. Verbindlichkeiten aus LL	______
6. Betriebs- / Geschäftsausst.	______	4. Sonstige Verbindlichkeiten	______
7. Finanzanlagen	______		
Umlaufvermögen			
II. 1. Roh-, Hilfs-, Betriebsstoffe	______		
2. Unfertige Erzeugnisse	______		
3. Fertige Erzeugnisse	______		
4. Handelswaren	______		
5. Forderungen aus LL	______		
6. Sonstige Forderungen	______		
7. Postgiroguthaben	______		
8. Bankguthaben	______		
9. Kasse	______		
Summe Aktiva		**Summe Passiva**	

Gewinn- und Verlustrechnung

Die Bilanz ist eine Aufstellung über die Vermögenslage, während eine G+V über die Ertragslage informiert. Durch Gegenüberstellung der Erträge und Aufwendungen wird das Ergebnis des Geschäftsjahres, das außerordentliche Ergebnis und periodenfremde Erträge und Aufwendungen ausgewiesen.

Es gibt zwei Arten:

Gesamtkostenverfahren

Hier werden den Erträgen alle anfallenden Kosten gegenübergestellt. Insbesondere die Erhöhung / Minderung des Bestandes wird hier mit einbezogen.

	1.	Umsatzerlöse
+/-	2.	Erhöhung oder Verminderung des Bestands an fertigen und unfertigen Erzeugnissen
+	3.	Andere aktivierte Eigenleistungen
+	4.	sonstige betriebliche Erträge
=		**Gesamtleistung**
-	5.	Materialaufwand
-	6.	Personalaufwand
-	7.	Abschreibungen
-	8.	sonstige betriebliche Aufwendungen
=		**Betriebsergebnis**
+	9.	Erträge aus Beteiligungen
+	10.	Erträge aus anderen Wertpapieren und Ausleihungen des Finanzanlagevermögens
+	11.	sonstige Zinsen und ähnliche Erträge
-	12.	Abschreibungen auf Finanzanlagen und auf Wertpapiere des Umlaufvermögens
-	13.	Zinsen und ähnliche Aufwendungen
=		**Ergebnis der gewöhnlichen Geschäftstätigkeit**
+	14.	außerordentliche Erträge
-	15.	außerordentliche Aufwendungen
=		**außerordentliches Ergebnis**
+/-	16.	Steuern vom Einkommen und vom Ertrag
+/-	17.	sonstige Steuern
=		**Jahresüberschuß / Jahresfehlbetrag**

Umsatzkostenverfahren

Hier werden Aufwendungen und Erträge auf den Umsatz (also nicht auf produzierte, sondern nur auf die abgesetzte Menge) bezogen.

	1.	Umsatzerlöse
-	2.	Herstellungskosten der zur Erzielung der Umsatzerlöse erbrachten Leistungen
=	**3.**	**Bruttoergebnis vom Umsatz**
-	4.	Vertriebskosten
-	5.	allgemeine Verwaltungskosten
+	6.	sonstige betriebliche Erträge
-	7.	sonstige betriebliche Aufwendungen
=		**Betriebsergebnis**
+	8.	Erträge aus Beteiligungen
+	9.	Erträge aus anderen Wertpapieren und Ausleihungen des Finanzanlagevermögens
+	10.	sonstige Zinsen und ähnliche Erträge
-	11.	Abschreibungen auf Finanzanlagen und auf Wertpapiere des Umlaufvermögens
-	12.	Zinsen und ähnliche Aufwendungen
=		**Ergebnis der gewöhnlichen Geschäftstätigkeit**
+	13.	außerordentliche Erträge
-	14.	außerordentliche Aufwendungen
=		**außerordentliches Ergebnis**
+/-	17.	Steuern vom Einkommen und vom Ertrag
+/-	18.	sonstige Steuern
=		**Jahresüberschuß/Jahresfehlbetrag**

Diese Aufstellungen sind konkret nach § 275 HGB.

Bestandsveränderungen

Es wird in der Regel in einer Periode nicht exakt das verkauft, was produziert wird. Obwohl die Kosten anfallen, gibt es keinen Umsatz zur Gegenüberstellung. Das kann das Ergebnis verfälschen. Deshalb wird beim Gesamtkostenverfahren der Mehrbestand als Ertrag gebucht.

Anhang

Bei Kapitalgesellschaften muss ein Anhang zum Jahresabschluss hinzugefügt werden. Dieser soll Details und Erläuterungen zu einzelnen Positionen enthalten (z.B. Anzahl der Beschäftigten, Bezüge der Geschäftsführung, Beteiligungen an anderen Unternehmen, Methoden der Abschreibungen usw.).

Lagebericht

Für Kapitalgesellschaften vorgeschrieben beinhaltet dieser die Geschäftslage, Zukunftsprognose, Angaben zu Entwicklung & Forschung und zu Vorgängen von besonderer Bedeutung.

5.1.5 Abschreibungen

Im deutschen Handelsrecht herrscht das Vorsichtsprinzip. Wenn ein Wirtschaftsgut durch Abnutzung, Substanzabbau oder aus anderen Gründen an Wert verliert, ergibt sich daraus eine Pflicht, den Wert entsprechend niedrig anzusetzen. Sowohl abnutzbare Gegenstände, als auch immaterielles Vermögen und Umlaufvermögen sind von der Abschreibungspflicht betroffen.

Gesetzliche Vorschriften

Vermögensgegenstände werden höchstens zum Anschaffungs- oder Herstellungswert angesetzt. Auch wenn der Wert eines Gegenstandes steigt, darf er nicht höher bewertet werden.

Planmäßige Abschreibungen können nur an abnutzbaren Gegenständen vorgenommen werden. Der Plan muss die Anschaffungskosten auf die Geschäftsjahre verteilen, in denen der Gegenstand voraussichtlich abgenutzt sein wird. Nach dem Steuerrecht geht man von der betriebsüblichen Nutzungsdauer aus. Sie sind für häufig genutzte Gegenstände von der Finanzverwaltung festgelegt (AfA Tabellen, z.B. PC 3 Jahre, PKW 6 Jahre, LKW 9 Jahre, Alarmanlagen 11 Jahre usw.).

Wenn nachgewiesen werden kann, dass die Abnutzung in einer kürzeren Zeit erfolgt, können diese im Einzelfall auch unterschritten werden.

Außerplanmäßige Nutzung

Die technische außerplanmäßige Abnutzung ist in der Regel schadensbedingt (Unfall, Explosion, Brand usw.).

Die wirtschaftliche außerplanmäßige Abnutzung bedeutet meist eine Abwertung des Gegenstandes, etwa durch Preisverfall am Markt, wenn neue Modelle oder neue Technologien auftreten und der Gegenstand dadurch stark an Wert verliert. Diese Wertminderungen müssen aber dauerhaft sein.

Abschreibungsverfahren

Lineare Abschreibung

Die Anschaffungs- oder Herstellkosten werden in gleichen Teilen auf die Nutzungsdauer verteilt.

$$\text{Jahres AfA} = \frac{\text{Anschaffungskosten}}{\text{betriebsübliche Nutzung (Jahre)}}$$

Wenn eine Maschine für 120.000 € angeschafft wurde und die Nutzungsdauer 8 Jahre beträgt, so wird sie jedes Jahr gleichbleibend mit

120.000 € / 8 Jahre = 15.000 € / Jahr abgeschrieben.

Geometrisch-degressive Abschreibung

Hier wird in den ersten Jahren nach der Anschaffung eine höhere Jahresabschreibung vorgenommen, in den späteren Jahren nimmt der Abschreibungsbetrag ab. Ein Vorteil ist, dass in den ersten Jahren durch die

Abschreibungen die zu versteuernden Gewinne geschmälert und damit Steuerbelastungen verringert werden.

Des Weiteren entspricht es sehr häufig auch der tatsächlichen Wertentwicklung des Gegenstandes, wie etwa bei einem PKW, das im ersten Jahr überproportional zu Folgejahren an Wert verliert (ca. 20-40% Wertverlust im ersten Jahr).

Hier wird die Abschreibung anhand einer Prozentzahl festgelegt. Der Prozentzahl bleibt über die Jahre gleich, wobei sich natürlich die Beträge ändern.

Die degressive Abschreibung wurde in der Vergangenheit immer für einige Jahre ausgesetzt oder die Vorgaben hierfür wurden geändert.

Achtung:
Seit 2011 (Anschaffungszeitpunkt des Gegenstandes ist hier maßgeblich) ist sie wieder abgeschafft.

Die Leistungsabschreibung

Nach der Leistung des Gegenstandes kann abgeschrieben werden, wenn

- das gesamte Leistungsvermögen des Gegenstandes anhand Hersteller-angaben und Erfahrungen abgeschätzt werden kann oder
- die tatsächliche Leistung messbar ist (z.B. kann bei Kraftfahrzeugen über die Kilometer-Leistung mit einer Kilometer-Pauschale die Abschreibung im Jahr berechnet werden).

Die GWG-Abschreibung

Geringwertige Güter mit einem Anschaffungswert von maximal 410,00 € Netto können sofort abgeschrieben werden, wenn sie

- beweglich und abnutzbar sind,
- selbständig genutzt werden können (nicht Teil einer Anlage sind) und
- in einem Bestandsverzeichnis geführt werden.

5.1.6 Leasing

Der Leasinggeber überlässt den Gegenstand dem Leasingnehmer gegen ein Entgelt. Sie ist rechtlich ein Mietvertrag, welcher aber in einigen Punkten Unterschiede aufweist. So sind Reparatur- und Wartungskosten in der Regel vom Leasingnehmer zu tragen.

Es gibt eine Mehrzahl von verschiedenen Leasingarten, auf die hier im Detail nicht eingegangen wird (direktes Leasing, indirektes Leasing, Unternehmerleasing, Immobilienleasing, Operate-Leasing, Finance-Leasing, "Full-Service-Leasing" usw.).
Die klassische Form ist Finance Leasing. Es ist auf eine bestimmte Laufzeit angelegt innerhalb derer eine Kündigung nicht möglich ist. In dieser Zeit werden feste monatliche Leasingraten (Mietgebühr) gezahlt. Nach Ablauf dieser Zeit kann der Gegenstand weiter geleast (Mietverlängerung) oder zum vereinbarten Restwert gekauft werden.

Der Vorteil beim Leasing ist, dass die Leasinggebühren in vollem Umfang als Kosten verbucht und steuerlich abgesetzt werden können, während bei einer reinen Finanzierung lediglich die Zinsanteile der Ratenzahlungen berücksichtigt werden können.
Dafür können Leasinggegenstände nicht abgeschrieben werden.

Leasing ist für Unternehmen auch im Hinblick auf Kapitalbindung und Liquidität vorteilhaft. Während der Kauf eines Gegenstandes, auch bei Finanzierung, großes Kapital erfordert und eine Kapitalbindung darstellt, ist man beim Leasing nicht in derselben Intensität gebunden.

5.2 Ziele und Aufgaben der Kostenrechnung

5.2.1 Überwachungs-, Steuerungs- und Bewertungsaufgaben

Die Hauptaufgabe der Kostenrechnung ist es, die Instanzen im Betrieb durch wichtige Informationen über die Wirtschaftlichkeit des Geschehens bei Entscheidungsfindungen zu unterstützen (Überwachung).

Desweiteren kann die KLR anhand mathematischer und statistischer Analysen relativ genaue Prognosen und Entwicklungsvorgaben liefern, womit künftige Kosten ermittelt werden, und dadurch eine solide Planung erfolgen kann (Bewertung und Steuerung).

5.2.2 Ermittlung der Selbstkosten

Die Wirtschaftlichkeit des Handelns fängt auch chronologisch gesehen bei den Kosten an. In der Selbskostenermittlung werden alle anfallenden Kosten für die Produktion von einem Stück ermittelt. Neben den reinen Fertigungskosten fließen hier auch alle anderen Faktoren wie Verwaltung, Vertrieb usw. mit ein. Diese werden alle rechnerisch pro Stück ermittelt und addiert. Die allegemeine Formel hierzu lautet:

	Materialeinzelkosten
+	Materialgemeinkosten
+	Fertigungseinzelkosten
+	Fertigungsgemeinkosten
+	Sondereinzelkosten der Fertigung (z.B. Lizenzen, Gebühren usw.)
=	**Herstellkosten der Produktion**
+	Verwaltungsgemeinkosten
+	Vertriebsgemeinkosten
+	Sondereinzelkosten des Vertriebs
+	Entwicklungskosten
=	**Selbstkosten**

Die Ermittlung der Selbstkosten (insbesondere Einzel- und Gemeinkosten) wird dem Leser im weiteren Verlauf noch detailliert begegnen.

Sie ist Gegenstand vieler möglicher Prüfungsaufgaben.

Die hieraus gewonnenen Erkenntnisse fließen in wesentliche Entscheidungen im Betrieb wie:

- **Produktionsprogramm** - Wovon soll wieviel produziert werden? Hier werden Selbstkosten mit möglichen Erlösen verglichen.
- **Fertigungsverfahren** - Wenn die Selbskosten minimiert werden sollen, ist das Verfahren oder einzelne Schritte ein Ansatzpunkt.
- **Lager und Vertrieb** - Auch hier kann anhand der Selbskosten ein mögliches Einsparpotenzial erkannt werden.
- **Die Preisgestaltung** - Natürlich sind die Selbstkosten die Basis für die Ermittlung des Verkaufspreises.

5.2.3 Informationen für die Planung und Entscheidung

Wie bereits weiter oben erwähnt, soll die Kostenrechnung Informationen liefern, um die für die Zukunftsplanung richtigen Entscheidungen ermöglichen.

Beispielsweise wenn man nur eine reine Umsatzsteigerung in einem Einzelhandelsunternehmen verzeichnet und daraufhin die Einstellung von weiterem Personal anstrebt, sind weitere Informationen nötig, die belegen, ob nur der Umsatz oder eben auch Absatz, Gewinn, Kundenfrequenz usw. gestiegen sind. Udem ist zu überlegen, ob die geplanten Stellen überhaupt notwendig und auch wirtschaftlich vertretbar sind.

5.2.4 Ermittlung des Betriebsergebnisses

Wärhend die Finanzbuchhaltung alle Gewinne und Verluste erfasst, ist in der Kostenrechnung das Ergebnis der betrieblichen Tätigkeit zu ermitteln. Das Betriebsergebnis wird ermittelt, indem die neutralen Erträge und Aufwendungen aus der Finanzbuchhaltung abgegrenzt werden.

Neutrale Erträge und Aufwendungen sind Einnahmen und Ausgaben, die entweder mit dem betrieblichen Zweck nichts zu tun haben oder eine andere Abrechnungsperiode betreffen (ausserordentliche, betriebsfremde oder periodenfremde Erträge und Aufwendungen).

5.2.5 Kalkulation der Preisgestaltung auf der Grundlage von Voll- und Teilkosten

In den folgenden Abschnitten wird sowohl diese Überschrift erläutert, als auch einige wichtige Begriffe erklärt, welche in weiteren Abschnitten und bei Kalkulationen eine Rolle spielen.

Die Vollkostenrechnung hat das Ziel, einen Preis für das Produkt zu ermittelt, welcher alle im Betrieb anfallenden Kosten berücksichtigt. Die Kosten werden zunächst in Einzelkosten und Gemeinkosten unterteilt.

Einzelkosten beziehen sich direkt auf das einzelne Produkt (**Kostenträger**).

Gemeinkosten sind Kosten, die nicht unmittelbar aus dem Produkt und der Menge abgeleitet werden können.
Diese Kosten werden mittels von **Verrechnungssätzen** auf das Produkt weiterverrechnet (ausführliche Behandlung in der Kostenstellenrechnung).

Die **Vollkostenrechnung** ist insgesamt für das Unternehmen unverzichtbar, da natürlich alle Kosten durch Umsatz abgedeckt werden müssen.

Bei kurzfristigen oder punktuellen Entscheidungen jedoch braucht man eine **Teilkostenrechnung**, die nur die Kosten berücksichtigt, welche direkt mit der Produktion des Kostenträgers zu tun haben und auch nur bei der Produktion anfallen.

Diese Kosten werden **variable Kosten** genannt. Hingegen sind Kosten, die unabhängig von der Produktion und der Produktionsmenge anfallen, sogenannte **Fixkosten** (wie auch Verwaltungskosten, Vertriebskosten, Gebäude, Büromöbel, Miete etc.).

Bei der Teilkostenrechnung werden die Fixkosten in einem Block zu einer Gesamtsumme erfasst und abgegrenzt.

Der **Produkterlös** (Umsatz) abzüglich variable Kosten ergibt den **Deckungsbeitrag** (der Beitrag, der zur Deckung der Fixkosten geleistet wird).

5.3 Grundbegriffe der KLR

- **Ein- / Auszahlungen** sind tatsächliche Bewegungen von Zahlungsmitteln (Kasse, Bank usw.)

- **Ein- / Ausgaben** stehen für Veränderungen des Geldvermögens (Darlehen, Investitionsausgaben, Abschreibungen aus Vorperioden, Rückstellungen).

- **Ertrag / Aufwand - Neutraler Aufwand**

  Beispiele:

  - Betriebsfremd: Spenden,
  - Außerordentlich: Schäden,
  - Periodenfremd: Steuernachzahlungen Vorperiode

  - **Zusatzkosten** (Kalkulatorische Kosten, wie Eigenkapitalzinsen, Unternehmerlohn usw.)

  - **Anderskosten** (kalkulatorische Abschreibungen)

  - **Auszahlungen + Ausgaben + Aufwand = Kosten**
    (Begriffe der Buchhaltung, Begriff der KLR)

  Das gleiche gilt auch für Leistung:

  - **Einzahlungen + Einnahmen + Ertrag = Leistung**
    (Begriffe der Buchhaltung, Begriff der KLR)

Kostenarten

- **Grundkosten -** Das sind Kosten, die in der Finanzbuchhaltung und KLR der Höhe nach identisch erfasst und bewertet werden.
- **Zusatzkosten** – Kosten, die in der KLR, aber nicht in der Finanzbuchhaltung erfasst werden. Sie werden auch "Opportunitätskosten" genannt, da sie für "entgangene" Möglichkeiten (Opportunity) für Erträge - als Gegengewicht - in Form von Kosten verrechnet werden. Dazu zählen:
  Kalkulatorische Zinsen: Wenn man das Geld anlegen würde, anstatt dieses in die Produktionskosten zu stecken, würde es bestimmte Zinserträge einbringen.

Kalkulatorische Wagnisse: es können/könnten bestimmte Risiken auftreten (z.B. Gerichtskosten usw). Diese möglichen Kosten werden vorab berücksichtigt.

Kalkulatorischer Unternehmerlohn: Der Unternehmer könnte als angestellter Geschäftsführer in einem anderen Unternehmen sicheres Einkommen erzielen.

Kalkulatorische Eigenmiete: Die für den Betrieb genutzen Räume könnten auch vermietet werden, es "entgehen" Mieteinnahmen.

- **Anderskosten -** Das sind Kosten, die in der Finanzbuchhaltung mit anderen Beträgen erfasst werden, als in der KLR (Kalkulatorische Abschreibungen).

Einzelkosten, Gemeinkosten, Fixkosten und Variable Kosten wurden bereits unter 5.2.5 erläutert.

5.4 Aufbau der KLR

Die KLR wird in drei Kategorien unterteilt, auf die im späteren Verlauf näher eingegangen wird. Sie bilden den Großteil der Grundlagen der Kalkulationen und Rechenaufgaben in den Prüfungen.

- **Kostenartenrechnung** - Hier werden die Kosten erfasst (**Welche** Kosten und welcher Höhe?).
- **Kostenstellenrechnung** - Hier werden sie nach den verursachenden Stellen verteilt (**Wo** sind die Kosten angefallen?).
- **Kostenträgerrechnung** - Hier werden sie auf einzelne Produkte / Produktgruppen verrechnet (**Wofür** sind sie angefallen?).

5.5 Leistungs- und Kostendaten

Neben den Daten aus der Finanzbuchhaltung benötigt man für die KLR auch weitere Daten, die in der Finanzbuchhaltung nicht enthalten sind. Diese sind z.B. Materialentnahmescheine, Lohnzettel etc.

Hierbei muss darauf geachtet werden, dass sich aus den Belegen der Verbrauchsgrund / der Bezug eindeutig erkennen und zuordnen lässt, damit deutlich wird, ob es sich um Einzel- oder Gemeinkosten handelt. Dies nennt man "Kontierung".

Wenn aus einem Beleg hervorgeht, dass die Kosten direkt für einen Arbeitsauftrag entstanden sind, sind es Einzelkosten. Zur Kontierung werden im vorgesehenen Feld die Kostenart und die Auftragsnummer eingetragen.

Wenn der Verbrauch keinem Arbeitsauftrag zuzuordnen ist (z.B. Miete der Produktionshalle), so handelt es sich um Gemeinkosten. Diese werden mit Kostenart und entsprechende Kostenstellennummer eingetragen.

Da ohne eine Auftragsnummer alle Kosten in die Gemeinkosten einfliessen, gelten die Grundsätze:

- "Keine Arbeit ohne Auftrag"
- "Keine Buchung ohne Beleg"

Ein Materialentnahmeschein ist ein geeignetes Beispiel in diesem Kontext. Er muss folgende Angaben enthalten:

- Materialart
- Menge
- Grund des Verbrauchs - Kontierung
- Datum der Entnahme
- Kostenstellennummer
- Unterschrift

Die Einzelkosten werden in der Erfassung in Fertigungseinzelkosten und Materialeinzelkosten getrennt. Dies ist wichtig für die spätere Verteilung der Gemeinkosten durch Verrechnungssätze (mehr dazu unten bei BAB).

5.6 Durchführung der Kostenrechnung

5.6.1 Abgrenzung von Aufwendungen/Erträgen und Kosten/Leistungen

Als Aufwendungen werden alle Aktivitäten bezeichnet, die das Eigenkapital eines Unternehmens vermindern, unabhängig davon, ob sie aus betrieblichen, oder nicht-betrieblichen Zwecken entstammen. Aufwendungen müssen zum Erfolg des Unternehmens beitragen. (Büromaterial, Fuhrpark, etc.)

Kosten hingegen sind alle Aufwendungen, die aus dem betrieblichen Leistungsprozess entstehen (z.B. Löhne, Materialeinkauf, etc.).

Alle Aufwendungen aus der Finanzbuchhaltung werden zunächst darauf überprüft, ob sie in das Betriebsergebnis gehören.

1. Schritt - Wie bereits oben erwähnt, gibt es neutrale Aufwendungen / Erträge, die in der Finanzbuchhaltung gebucht werden, aber nicht zur KLR gehören. Das heißt, dass zunächst die neutralen Aufwendungen/Erträge ausgegrenzt werden.
2. Schritt - Alle anderen Kosten werden daraufhin überprüft, ob sie in exakter Höhe wie aus der Finanzbuchhaltung in die KLR übernommen werden können. Wenn nicht, müssen die jeweiligen Beträge korrigiert werden. Für die KLR werden die tatsächlich in der Periode für den Betrieb anfallenden Kosten erfasst.

In der KLR werden die tatsächlich angefallenen und auf den Betrieb und der Periode anfallenden Kosten erfasst. Im Rechnungskreis1 stehen die Zahlen aus der Finanzbuchhaltung, im Rechnungskreis 2 stehen der Abgrenzungs- und KLR-Bereich.

1 RECHNUNGSKREIS I			2 RECHNUNGSKREIS II					
Erfolgsbereich			Abgrenzungsbereich				KLR - Bereich	
Geschäftsbuchführung			Unternehmensbezogene Abgrenzungen		3 Kostenrechnerische Abgrenzungen		4 Kosten- und Leistungsarten	
Konto	Aufwen - dungen	Erträge	Aufwen- dungen	Erträge	Aufwen- dungen	Erträge	Kosten	Leistungen
1	2	3	4	5	6	7	8	9

Veranschaulichung der Abgrenzung

Gesamtergebnis = neutrales Ergebnis + Betriebsergebnis
(FiBu) (Abgrenzung) (KLR)

5.6.2 Gliederung der Kosten in Verbrauchsart

In der KLR fängt man mit der Gliederung nach Kostenarten an. Diese werden in einem Kostenartenplan oder einer Aufstellung in drei Schritten aufgeteilt. Die Gruppen werden in der Praxis entsprechend den Sachkonten aus der Finanzbuchhaltung aufgeteilt.

Hauptgruppen - Zunächst werden die Kosten nach Hauptgruppen unterteilt.

0 Löhne
1 Gehälter
2 Sozialkosten zu 0 u.1
3 Materialkosten
4 Kapitalkosten
5 Fremdleistungen
6 Steuern und Abgaben
7-9 frei

Diese Hauptgruppen werden jeweils in Kostenartengruppen unterteilt

Hauptgruppe 0, Löhne

00 Fertigungslöhne
01 Gemeinkostenlöhne für Arbeit
02 Übrige Gemeinkostenlöhne
03 Freiwillige Leistungen
04 Prämien für Verbesserungsvorschläge
05 Sachbezüge
06 Vergütungen Azubis
7-9 Frei

Alle anderen Hauptgruppen werden entsprechend verteilt.

Kostengruppen werden noch einmal in einzelne Kostenarten unterteilt.

Beispiel: Hauptgruppe 0 Löhne, Kostenartengruppe 2 übrige Gemeinkostenlöhne

020 Lohnfortzahlung
021 Urlaubslohn
022 Feiertagslohn
023 betriebsratsitzung
024 Wartezeiten
025 Ausfallzeiten
026 Arztbesuche
027 Sonstige GK Löhne
028-029 Frei

5.6.3 Zurechnung der Kosten auf die Kostenträger

Nachdem die Kostenarten festgelegt sind, werden die Kosten den einzelnen **Kostenträgern** zugerechnet. Kostenträger sind die direkten Verursacher der Kosten. Als Kostenträger kann ein Stück eines Produkts, eine Serie, eine Charge der Produktion oder ein einzelner Auftrag genommen werden. Dies hängt hauptsächlich vom Fertigungsverfahren ab.

Bei **Einzelfertigung** ist das Produkt in Stück der Kostenträger. In diesem Fall sind auch alle Kosten direkt auf den Kostenträger zurechenbar. Sie sind somit alle Einzelkosten. Die Ausnahme sind Verwaltungskosten, die auf die gefertigten Stücke verteilt werden.

Bei **Serien- oder Mehrproduktfertigung** werden die Kosten in Einzelkosten und Gemeinkosten gegliedert. Die Einzelkosten werden dem Kostenträger direkt zugeordnet. Die Gemeinkosten werden anhand der Verrechnungssätze (Zuschlagssätze) weiterverrechnet. Hierzu wird der **Betriebsabrechnungsbogen** (BAB) verwendet.

Bei **Massenfertigung** können die Aufschlüsselungen zu aufwendig sein. Hier werden in der Regel die Kosten anhand der Divisionskalkulation verteilt. Die Divisionskalkulation wird in 5.9 näher erläutert.

5.6.4 Verhalten bei Beschäftigungsveränderung

In der KLR werden die Kosten bekanntlich im direkten Bezug zur Leistung (Produktion) für die künftige Periode errechnet. Wenn sich die tatsächliche Produktion (Beschäftigung) nach unten verändert, sinken die Gesamtkosten. Die Stückkosten steigen aber, da die Fixkosten auf weniger Stück verteilt werden müssen.

Jedes Unternehmen muss daher seine Kostenfunktion, die Veränderungen der Kosten bei Beschäftigungsveränderung kennen.

5.6.5 Aufbau und Struktur des Betriebsabrechnungsbogens - BAB

Für die Kostenstellenrechnung müssen die Kostenstellen zunächst gebildet werden. Die Bezeichnungen der Kostenstellen unterliegen keinen strengen Regeln. Die Stellen können nach Funktionsbereichen oder Verantwortungsbereichen aufgeteilt werden.

Gängig ist Folgendes in Industriebetrieben:

- **Allgemeiner Bereich** - Die Leistungen dieser Stelle werden allen anderen Stellen zur Verfügung gestellt.
- **Materialbereich** - Hier werden alle Kosten zur Beschaffung, Bereitstellung, und das verbrauchte Material selbst erfasst
- **Fertigungsbereich** - Diese Stelle steht für die Leistungserstellung, Fertigungsvorbereitung und –einleitung sowie die Fertigung selbst wie Fertigungslöhne.
- **Verwaltungsbereich** - Kaufmännische Leitung, Rechnungswesen, Personalbüro, Organisation, Rechtsabteilung usw.)
- **Vertriebsbereich** – Dies ist der Bereich des Absatzes (Marktforschung, Werbung, Verkauf, Rechnungsstellung, Steuerabteilung usw.)

Ein Kostenstellenplan kann ähnlich wie der Kostenartenplan nach Kategorien und Durchnummerierung erstellt werden.

1. Raumkostenstellen
   - 1.1. Gebäude
   - 1.2. Werkstatt
   - 1.3. etc...
2. Energiekostenstellen
   - 2.1. Wasser
   - 2.2. Abwasser
   - 2.3. Strom
   - 2.4. Gas
   - 2.5. etc...
3. Materialkostenstellen
   - 3.1. Rohstoffannahme
   - 3.2. Hauptlager
   - 3.3. Ersatzteillager
   - 3.4. etc...
4. Fertigungskostenstellen
   - 4.1. Löhne für Arbeiter
   - 4.2. etc...
5. Vertriebskostenstellen
   - 5.1. Verkaufsabrechnung
   - 5.2. Werbekampagnen
   - 5.3. Fremdtransport
6. Verwaltungskosten
   - 6.1. Gehalt Chef
   - 6.2. Dienstwagen Chef
   - 6.3. Verwaltung allgemein
   - 6.4. Buchhaltung
   - 6.5. Controlling

Beispiel

Der BAB kann sowohl in der Vollkostenrechnung, als auch in der Teilkostenrechnung angewendet werden.

Die Vollkostenrechnung umfasst alle zu lernenden Komponenten. Daher wird hier eine solche unterstellt.

Die erste Unterscheidung erfolgt nach:

- **Vorkostenstellen** - Diese Kosten sind nicht direkt zurechendbare Gemeinkosten. Sie werden nach einem festzulegenden Verteilungsschlüssel auf die Endkostenstellen verteilt.
  Sie werden in
  - **allgemeine Kostenstellen** (arbeiten allen Kostenstellen zu) und AKS
  - **Hilfskostenstellen** (arbeiten nur einigen bestimmten Kostenstellen zu) HKS

  unterteilt.
- **Endkostenstellen – Dies sind solche Kostenstellen, deren Kosten direkt auf Kostenträger zugerechnet werden können. Hier sind direkte Einzelkosten enthalten.**

Die Verrechnung im BAB erfolgt in mehreren Stufen:

1. Stufe: Primärkostenverrechnung - Hier werden die direkten Kosten (Einzelkosten) gleich den jeweiligen Endkostenstellen zugerechnet (eingetragen). Die Gemeinkosten werden in den Vorkostenstellen erfasst.

2. Stufe: Sekundärkostenverrechnung - Die Gemeinkosten, die auf den Vorkostenstellen stehen, werden auf die Endkostenstellen verteilt.

Die nächsten drei Abbildungen sollen die wichtigen Stufen veranschaulichen.

BAB - Einfache Darstellung 1

Die Verteilung der Summen erfolgt nach einem vorgegebenen Schlüssel oder Belegen.
Ein Schlüssel muss sinnvoll gewählt werden, wie z.B. Raumkosten nach QM verteilt, oder bei Fertigung nach MA. Anzahl

G.Kostenart	Summe aus KLR	Endkostenstelle					
		Materialkostenstelle	Fertigungs Hauptstelle 1	Fertigungs hauptstelle 2	Fertigungs hauptstelle 2	Verwaltungsstelle	Vertriebsstelle
Gehälter	84.000,00	**18.000,00**	21.000,00	15.000,00	11.000,00	14.000,00	5.000,00
Hilfstoffe	9.500,00	**1.200,00**	4.000,00	1.000,00	800,00	1.500,00	1.000,00
Steuern	13.500,00	**6.000,00**	1.500,00	2.000,00	1.500,00	500,00	2.000,00
Summe GK	**107.000,00**	**25.200,00**	**26.500,00**	**18.000,00**	**13.300,00**	**16.000,00**	**8.000,00**
Einzelkosten - Vorgabe aus KLR		MK	FL 1	FL 2	FL 3	HK des Umsatzes	
Zuschlagsgrundlage		**120000,00**	100000,00	65000,00	50000,00	418000,00	
Zuschlagssätze		**21,00%**	**26,50%**	**27,69%**	**26,60%**	3,83%	1,91%

[gestrichelter Rahmen] Die Summe aus MGK+MK+FGK+FL ergibt HK !!

[Rahmen] Formel für Zuschlagssätze GK / Zuschl.GL * 100%

BAB MIT VK STELLEN VOR DER VERTEILUNG

T. bülbül 2015

KOSTENART	SUMME AUS KLF	VORKOSTENSTELLEN			ENDKOSTENSTELLE					
		Allg. Kostenstelle 1	Allg Kostenstelle 2	Hilfskostenstelle 1	Materialkostenstelle	Fertigungs Hauptstelle 1	Fertigungs hauptstelle 2	Fertigungs hauptstelle 3	Verwaltungsstelle	Vertriebsstelle
Kostenart 1	178.500,00	36.000,00	58.000,00	500,00	**18.000,00**	21.000,00	15.000,00	11.000,00	14.000,00	5.000,00
Kostenart 2	10.300,00	800,00	0,00	0,00	**1.200,00**	4.000,00	1.000,00	800,00	1.500,00	1.000,00
Kostenart 3	28.500,00	5.000,00	4.000,00	6.000,00	**6.000,00**	1.500,00	2.000,00	1.500,00	500,00	2.000,00
Summe	**217.300,00**	**41.800,00**	**62.000,00**	**6.500,00**	**25.200,00**	**26.500,00**	**18.000,00**	**13.300,00**	**16.000,00**	**8.000,00**
Umlage AKS 1		→	6.270	0	8.360	8.360	6.270	4.180	2.090	6.270
Umlage AKS 2			→ 68270	6.827	13.654	13.654	0	0	6.827	27.308
Umlage HKS				→ 13.577	2.665,40	2.665,40	2.665,40	2.665,40	1.332,70	1.332,70
Zwischensumme **GK**					45.879,40	51.179,40	26.935,40	20.145,40	26.249,70	42.[illegible]
MK										
Fertigungslöhne										
HK des U.										
Zuschlagssätze										
Verteilungsschlüssel AKS 1		-41.800,00	3	0	4	4	3	2	1	3
Verteilungsschlüssel AKS 2				1	2	2	0	0	1	4
Verteilungsschlüssel HKS					2	2	2	2	1	1

Bei AKS 1

Verteilungsschlüssel= insgesamt 20 Teile. Zu verteilende Summe wird durch 20 geteilt und mit dem Schlüssel multipliziert

BAB mit VK Stellen nach der Verteilung, mit GK-Zuschlagssätzen

Kostenart	Summe aus KLF	Vorkostenstellen			Endkostenstelle					
		Allg. Kostenstelle 1	Allg Kostenstelle 2	Hilfskostenstelle 1	Materialkostenstelle	Fertigungs Hauptstelle 1	Fertigungs hauptstelle 2	Fertigungs hauptstelle 3	Verwaltungsstelle Zusatzkostenstelle	Vertriebsstelle
Kostenart 1	178.500,00	36.000,00	58.000,00	500,00	18.000,00	21.000,00	15.000,00	11.000,00	14.000,00	5.000,00
Kostenart 2	10.300,00	800,00	0,00	0,00	1.200,00	4.000,00	1.000,00	800,00	1.500,00	1.000,00
Kostenart 3	28.500,00	5.000,00	4.000,00	6.000,00	6.000,00	1.500,00	2.000,00	1.500,00	500,00	2.000,00
Summe	217.300,00	41.800,00	62.000,00	6.500,00	25.200,00	26.500,00	18.000,00	13.300,00	16.000,00	8.000,00
		-41.800,00								
Umlage AKS 1		→	6270,00	0	8360,00	8360,00	6270,00	4180,00	2090,00	6270,00
Umlage AKS 2			→ -68270,00	6827,00	13654,00	13654,00	0,00	0,00	6827,00	27308,00
Umlage HKS			→	13.327,00	2665,40	2665,40	2665,40	2665,40	1332,7	1332,7
Zwischensumme GK		0	0	0	49879,40	51179,40	26935,40	20145,40	26249,70	42910,70
MK (EK)					97268,50					
Fertigungslöhne (EK)						250000,00	360000,00	104000,00		
HK des Umsatzes									959408,10	
Zuschlagssätze Gemeinkosten					51,28%	20,47%	7,48%	19,37%	2,74%	4,47%
Verteilungsschlüssel AKS 1			3	0	4	4	3	2	1	3
Verteilungsschlüssel AKS 2				1	2	2	0	0	1	4
Verteilungsschlüssel HKS					2	2	2	2	1	1

217.300,-

Die Kosten werden, wie üblich, nach dem Stufenleiterverfahren verteilt.

Dabei wird folgendermaßen vorgegangen:

1. Von links nach rechts wird zunächst die allgemeine Vorkostenstelle 1 nach dem vorgegebenen Schlüssel (ganz unten an der Tabelle) auf alle folgenden Stellen verteilt (auch auf andere Vorkostenstellen).

2. Die Summe übrigen Vorkostenstellen (aus praktischen Gründen zunächst nur AKS 2) mit dem neu hinzugekommenen Wert addiert (rote Zahlen). Danach wird die AKS 2, wie AKS 1 zuvor, wieder nach rechts verteilt, usw.

3. Diese Schritte werden in den Abbildungen mit den blauen Pfeilen Markiert.

4. Die genannten Schritte werden wiederholt, bis alle Vorkostenstellen (Allgemeine- und Hilfskostenstellen) auf die Endkostenstellen verteilt sind. Hier erfolgt eine Gegenkontrolle:
Die vertikale Summe aller Kostenarten muss der horizontalen Summe aller Gemeinkosten entsprechen. Dann wurde die Verteilung richtig vorgenommen.

5. Die Zwischensummen der Gemeinkosten (GK) der Endkostenstellen werden errechnet (obere gelbe Felder).

6. Die Einzelkosten, die bereits aus dem Rechnungswesen bekannt sind, werden einfach jeweils eingesetzt (untere gelbe Felder).

7. Die Herstellkosten des Umsatzes (HK) werden nach der Formel errechnet:
HK = MGK+MK+FGK+FK. Das komplette gelbe Feld wird addiert.

8. Die Gemeinkostenzuschläge werden errechnet. Die Formeln sind in der Formelsammlung enthalten.
GK = Gemeinkosten; EK = Einzelkosten; GKZ = Gemeinkostenzuschlagssatz

GKZ (%) = GK / EK * 100)

Das Stufenleiterverfahren ist aber nicht das einzige Verfahren und es ist auch nicht immer geeignet.

Das sogenannte Gleichungsverfahren ist an sich präziser und realistischer, wenngleich sehr komplex. Es wird in der Regel von Computerprogrammen erstellt. Es geht davon aus, dass die Vorkostenstellen nicht nur jeweils die weiter rechts gelagerten Stellen bedienen, sondern auch sich untereinander. In diesem

Fall müssten die blauen Pfeile um einiges mehr, und zwar auch von rechts nach Links verteilt, und wieder zurück verteilt werden. Die Existenz und die grobe Funktionsweise dieses Verfahrens zu kennen ist aber für die Prüfung völlig ausreichend.

5.6.6 Ermittlung von Zuschlagssätzen

Die Formel hierzu wurde bereits in der Erklärung zum Stufenleiterverfahren erläutert.

Die Zuschlagssätze liefern uns eine Grundlage, um Periodenvergleiche anzustellen oder die Gemeinkosten zu errechnen, wenn nur die Einzelkosten und die Zuschlagssätze bekannt sind. Formelsammlung S.16

5.6.7 Kostenträgerblatt Wofür (BAB II)

Die Ergebnisse aus dem BAB mit Zusatzinformationen aus dem Betrieb werden in einem Kostenträgerblatt aufgestellt, welcher auch BAB II genannt wird. Diese Auflistung ergibt gleichzeitig eine Formel, anhand derer bis zum Betriebsergebnis kalkuliert werden kann.

Hierbei können mehrere Kostenträger horizontal nebeneinander aufgestellt und nach unten gerechnet werden.

	Kalkulationsgrößen	**Produkt 1**	**Produkt 2**
	Fertigungsmaterial MEK		
+	Materialgemeinkosten		
+	Fertigungslohnkosten FEK		
+	Fertigungsgemeinkosten		
=	Herstellkosten der Fertigung		
+	Bestandsminderung		
-	Bestandsmehrung		
=	Herstellkosten des Umsatzes		
+	Verwaltungsgemeinkosten		
+	Vertriebsgemeinkosten		
=	Selbstkosten des Auftrags		
	Umsatzerlöse		
-	Selbstkosten des Auftrags		
=	Betriebsergebnis		

Diese Berechnung wird auch **Kostenträgerzeitrechnung** oder **kurzfristige Erfolgsrechnung** genannt.

Mit Hilfe dieser Berechnung, verteilt auf die Kostenträger, kann man die Wirtschaftlichkeit der einzelnen Produkte errechnen und die Ertragskraft für die vorliegende Periode. Hierbei wendet man zwei Formeln an:

Betriebserfolg % = Betriebsergebnis / Selbstkosten

Wirtschaftlichkeit = Umsatzerlöse / Selbstkosten

So vergleicht man auch die Produkte untereinander und kann Entscheidungen bezüglich der Herstellung und der Menge der Produkte treffen, wobei nicht nur die Wirtschaftlichkeit, sondern alle relevanten Faktoren berücksichtigt werden.

Beispiel:
Produkt 2 wirft wenig Gewinn ab, weil es neu auf den Markt gebracht wurde, es muss sich noch etablieren.

Weiterhin wichtig sind die Begriffe Ist-Kosten und Normalkosten, bzw. Ist-zuschlagssätze und Normalzuschlagssätze.

Ist-Kosten sind die tatsächlich anfallenden Kosten, die im Nachhinein ermittelt werden. Diese Zahlen auch für die nächste Periode zugrunde zu legen, könnte Schwierigkeiten ergeben.

Hier können aufgrund von

- Materialpreiserhöhungen,
- Lohnerhöhungen,
- Beschäftigungsschwankungen und
- Verbrauchsabweichungen

Differenzen auftreten.

In Berechnungen und Planungen werden durchschnittliche Werte für die Kosten und die Zuschlagssätze angenommen, um die oben erwähnten Faktoren zu berücksichtigen. Diese nennt man Normalkosten.

5.7 Kalkulationsverfahren

Hier spricht man von **Kostenträgerstückrechnung**. Dies ermöglicht, die Kosten pro Kostenträger zu berechnen, um Preisuntergrenzen und Angebotspreise zu ermitteln.

Hierzu verwendt man drei Kalkulationsarten:

1. **Divisionskalkulation** - Bei Einproduktunternehmen wird die einfache Divisionskalkulation verwendet, wobei die Gesamtkosten durch die produzierte Menge geteilt werden.
2. In der **zweistufigen Divisionskalkulation** werden die Kosten in "Herstellkosten" mit produzierter Menge und "Verwaltungs- und Vertriebskosten" mit abgesetzter Menge verglichen, um genauere Ergebnisse zu erzielen.
3. **Zuschlagskalkulation** - Hier sind die Einzelkosten pro Stück bekannt, allerdings nicht die Gemeinkosten pro Stück. Nachdem aber aus dem BAB die Zuschlagssätze bekannt sind, kann in der Zuschlagskalkulation eine ähnliche Formel wie im Kostenträgerblatt verwendet und die Selbstkosten pro Stück errechnet werden.

Die Kalkulation bis zum Listenverkaufspreis sieht dann so aus.

	Prozent	**Betrag**	**Summen**
Fertigungsmaterial		20,00 €	
Materialgemeinkosten	35%	7,00 €	
Materialkosten			**27,00 €**
Fertigungslöhne		16,00 €	
Fertigungsgemeinkosten	105%	16,80 €	
Fertigungssonderkosten		2,70 €	
Fertigungskosten			**35,50 €**
Herstellkosten			**62,50 €**
Verwaltungsgemeinkosten	9,50%	5,94 €	
Vertriebsgemeinkosten	12,50%	7,81 €	
Einzelkosten d. Vertriebs		2,28 €	
Selbstkosten			**78,53 €**
Gewinn	10%	7,85 €	
Barverkaufspreis	*87%*		**86,38 €**
Kundenskonto (vom ZVP)	*3%*	2,98 €	
Vertreterprovision(vom ZVP)	*10%*	9,92 €	
Zielverkaufspreis (ZVP)	***100%***		**99,28 €**
Kundenrabatt (vom LVP)	*15%*	17,51 €	
Listenverkaufspreis LVP!	***100%***		**116,79 €**

Bei der Berechnung von Skonto, Provision und Rabatt fällt auf, dass die Prozente jeweils nicht **von** hundert, sondern **zu** hundert berechnet werden, das heißt so gerechnet werden, dass nicht die Ausgangszahl, sondern die Endzahl 100 % entsprechen.

Dies liegt daran, dass auch beim Verkauf der Listenverkaufspreis als erster Preis angegeben wird. Rabatte, Skonten usw. beziehen sich auf diesen Preis.

4. **Vor- und Nachkalkulation** - Bei der Nachkalkulation geht es um die bereits erwähnte Gegenüberstellung von Ist-Kosten und Normalkosten. Bei der Vorkalkulation wird am Anfang eines Auftrags ~~wird~~ die Machbarkeit mit Normalkosten vorkalkuliert (siehe hierzu die Formelsammlung - BAB mit Normalkosten und Istkosten).

Alle drei Kalkulationsverfahren sind in den Formelsammlungen mit diesen Bezeichnungen vorhanden.

5.8 Maschinenstundensatzrechnung

Darunter versteht man die gesamten Kosten einer Maschine pro Stunde. Ähnlich wie Fertigungslohnkosten, dient sie zur Berechnung der Kosten, die pro Stunde anfallen. Die Höhe hängt wesentlich von der Auslastung der Kapazität ab. Wie bereits besprochen schlagen die Fixkosten enorm auf, wenn die Maschine zu wenig genutzt wird, was sich an einem hohen Maschinenstundensatz bemerkbar macht. Hierbei darf aber auch nicht vergessen werden, dass eine Nutzung am Rande oder über der Kapazität zu Ausfällen und teuren Reperaturkosten führen kann.

Das wichtige Ziel ist, die maschinenabhängigen Kosten von den restlichen Fertigungsgemeinkosten zu trennen, damit die Zuschläge nicht zu hoch anfallen. Zu hohe Zuschlagssätze (z.B. 500 %) würden bei kleinsten Fehlern enorme Differenzen in der Gesamtberechnung ergeben.

Durch die Maschinenstundensatzrechnung ist es möglich, für einen bestimmten Kostenträger den Kostenanteil entsprechend der Inanspruchnahme der Maschine zu ermitteln.

Die gesamte Berechnung soll hier anhand eines Beispiels dargestellt werden.

Folgende Daten zu einer Maschine liegen vor:

Abschreibungsrelevante Daten:

Anschaffungskosten	150.000,00 €
Wiederbeschaffungskosten	170.000,00 €
Restwert nach Nutzungsdauer	20.000,00 €
Nutzungsdauer laut AfA Tabelle	12 Jahre
Betriebliche Nutzungsdauer	15 Jahre

Platzkostenrelevante Daten:

Standfläche	100 m^2
Kalk. Gebäudeabschreibung	90,00 € / m2 / Jahr
Wartung-Instandhaltung	5.600,00 € / Jahr
Werkzeugkosten	2.000,00 € / Jahr
Gebühren für technische Überwachung	1200,00 €

Verbrauchsrelevante Daten

Elektrischer Anschlusswert	60 kW
Durchschnittliche Auslastung	80%
Grundgebühr Strom	150,00 € / Monat
Strompreis	0,168 € / kWh
Sonst. Betriebsstoffverbrauch	850,00 € / Monat

Maschineneinsatz (Planbeschäftigung)

Laufzeit	45 Wo / Jahr - 40 Std / Wo
Umrüstzeit pro Woche	5 Std

Kalkulatorische Zinsen 7 %
(für das gebundenen Kapital)

Lösung:

Der Reihenfolge nach können wir alle Werte pro Jahr berechnen. Später wird der Wert pro Stunde leicht zu ermitteln sein.

Kalkulatorische Abschreibung:

Hier wird mit Wiederbeschaffungswert und betriebliche Nutzungsdauer berechnet, was üblich ist.

170.000 € - 20.000 € : 15 Jahre **= 10.000,00 € / Jahr**

Kalkulatorische Zinsen
(mit dem Anschaffungswert + Restwert)

(150.000 € + 20.000 €) : 2 x 7% **= 5.950,00 € / Jahr**

Platzkosten

Die Fixkosten pro Jahr werden einfach addiert. Abschreibungskosten müssen erst pro Jahr hochgerechnet werden.

$100\ m^2 \times 90$ € / m^2 / Jahr =	9.000,00 € / Jahr
9000 € + 5.600 € + 2.000 € + 1.200 € **=**	**17.600,00 € / Jahr**

17.800,-

Betriebskosten (Verbrauch)

Planbeschäftigung = 45 Wo / Jahr x (40 h – 5 h) / Wo = 1.575,00 h / Jahr

Stromverbrauch = 60 kW x 80 % = 48,00 kW
Stromkosten = 48kW x 0,168 € / kWh = 8,06 € / h
Stromkosten (Jahr) = 1.575,00 h x 8,06 € = 12.694,50 € / Jahr
sonstiger Betriebsstoff = 850,00 € x 12 mon = **10.200,00 € / Jahr**

Nun wurden alle anfallenden Kosten bezogen auf das Jahr ermittelt.

Maschinenkosten jährlich

= 10.000,00 € + 5.950,00 € + 17.600,00 € + 12.694,50 € + 10.200,00 € =
= **56.444,50 €**

Maschinenstundensatz = Maschinenkosten : Planbeschäftigung

= 56.444,50 € : 1575,00 h = **35,84 € / h**

Der wichtigste Grundsatz bei der Maschinenstundensatzrechnung ist es, darauf zu achten, dass die Ausgangswerte auf verschiedene Einheiten (Stunde, Monat, Jahr, kWh) bezogen sind. Diese müssen alle erst pro Jahr ermittelt werden.

5.9 Zusammenhänge zwischen Kosten, Erlösen und Beschäftigungsgrad

Der Beschäftigungsgrad hat in diesem Kontext mit der Beschäftigung von Menschen nichts zu tun.

Hier ist mit diesem Begriff die Gesamtbeschäftigung des Unternehmens mit allen Funktionen gemeint. In anderen Worten ist hier der Nutzungsgrad aller verfügbaren Kapazitäten gemeint.

Auch der Begriff Vollbeschäftigung wird oft missinterpretiert. Es ist nicht möglich, die maximale Kapazität auszunutzen. Denn dann wären Wartungszeiten zu kurz, kleinste Störungen würden die Vollbeschäftigung hindern und der Verschleiß der Maschinen wäre zu hoch. Daher nimmt man die wirtschaftlich optimale Nutzung als Maßstab für Vollbeschäftigung.

Vollbeschäftigung = optimale Kapazitätsnutzung

Ein weiterer wichtiger Wert lässt sich mit folgender Formel errechnen:

Ist-Beschäftigungsgrad = (Istmenge x 100 %) : Vollbeschäftigungsmenge

Das Ergebnis wird in % angegeben.

Der Beschäftigungsgrad kann auch über 100% liegen, z.B. wenn mehr produziert wird, als ursprünglich geplant war.

Auswirkungen auf die Erlöse und Kostenstruktur

In der einfachen Erörterung dieses Punktes nimmt man an, dass ein Produkt, unabhängig von der Menge, immer zum gleich Preis verkauft wird.

Erlöskurve: Sie beginnt bei 0 und steigt linear in der Kurve
Erlös: Stückpreis x Menge

Ergebnis: Das Ergebnis kann für jeden Punkt in einer grafischen Darstellung durch die Gegenüberstellung der Erlöskurve und der Gesamtkostenkurve an jedem Punkt angezeigt werden.

Ergebnis = Erlöse - Gesamtkosten

In der Gesamtkostenkurve sind demnach auch die Kosten enthalten. Diese ergeben sich aus

Fixkosten: unabhängig von der Menge bleibt dieser immer gleich
Variable Kosten: im Idealfall verhält sich diese Kurve auch linear, ähnlich wie bei den Erlösen.

Gesamtkosten = Gesamtfixkosten + gesamte variable Kosten

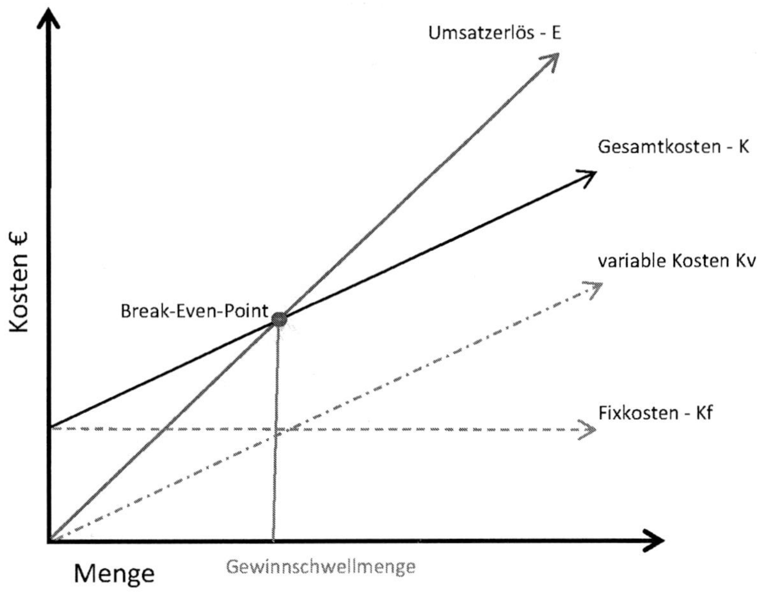

Die Grafik zeigt eindeutig, dass bei einer geringen Umsatzmenge noch Verlust gemacht wird, da die direkten Stückkosten zwar unter dem Preis liegen, aber die Fixkosten noch nicht gedeckt sind.
Da die variablen Gesamtkosten von der Menge abhängig sind, stellt sich die Formel besser wie folgt dar:

Gesamtkosten	=	Gesamtfixkosten	+	variable Stückkosten	x	Menge
K	=	Kf	+	kv	x	m

Der Punkt, ab dem der Gesamterlös (E = Stückerlös x Menge) sowohl Fixkosten, als auch variable Kosten zusammen abdeckt, wird **"Gewinnschwelle",** oder **"Break-Even-Point"** genannt.

Also sind hier die Erlöse und Gesamtkosten gleich. Daher kann man folgende mathematische Formel anwenden:

E x m = Kf + kv*m (Wenn man die Formel nach "m" auflöst, erhält man die bekannte Formel für "Break-Even-Point")

m = Kf : (E - kv)

Geht man davon aus, dass die variablen Kosten sich immer mengenproportional verhalten, kommt man zu dem Schluss, dass die höchtmögliche Menge (also volle Kapazitätsauslastung) den meisten Gewinn bringt.

Die variablen Kosten können sich aber unterproportional oder überproportional zur Menge verhalten.
Es kann beispielsweise sein, dass ab einer bestimmten Menge die Energiekosten nicht mehr gleichmäßig steigen, sondern unterproportional (wenn z.B. ab einer Menge der Preis pro Einheit sinkt).

Wenn aber bei einer höheren Produktion Überstunden gemacht werden und damit die Löhne pro Stunde durch die Zuschläge steigen, können im Gegenteil die variablen Kosten überproportional steigen.
Dies kann dazu führen, dass auch nach oben eine Grenze erreicht wird, ab der die Erlöse nicht mehr die Gesamtkosten decken.

In der Abbildung sieht die Kostenkurve daher wie ein verkehrtes "S" aus.

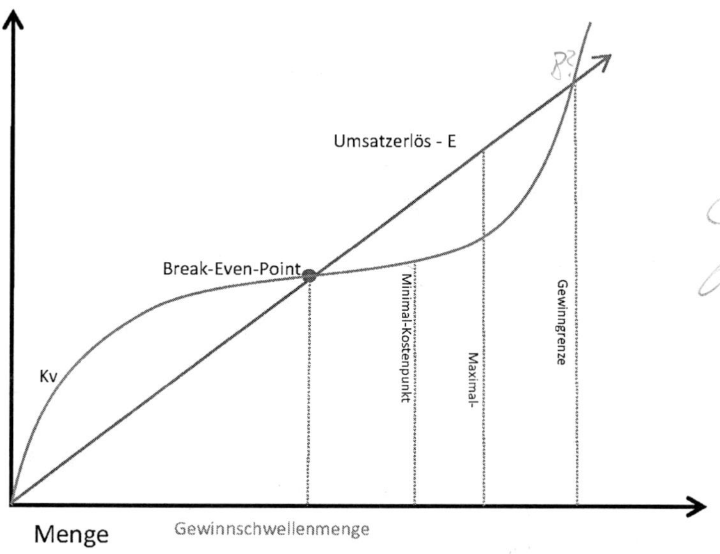

Es fallen 4 besondere Punkte auf:

- **BEP** - Break-Even-Point ist der Punkt, ab welcher ein Gewinn erzielt wird.
- **Maximalgewinnpunkt** - Ist der Punkt, an dem der höchste Gewinn erzielt wird.
- **B** - Ist der Punkt, ab dem wieder kein Gewinn mehr erzielt wird.
- **Minimalkostenpunkt -** ist das die niedrigste Stelle in der zweiten Hälfte der roten S-Kurve. Hier sind die Gesamtkosten am niedrigsten. Da aber der Erlös sich linear verhält, ist dieser Punkt nicht unser Gewinnmaximum.

Im Zusammenhang mit den Kostenverläufen soll noch der Begriff **"Remanente Kosten"** kurz erläutert werden.

Die Kosten sind remanent, also bleiben zurück, wenn z.B. eingegangene Verträge finanzielle Verpflichtungen für Arbeit verursachen, die nicht mehr gebraucht wird. Ein weiteres Beispiel sind Waren / Material, welche bereits bestellt sind und eintreffen, obwohl sie nicht mehr gebraucht werden.
Diese Kosten bedeuten natürlich zum Teil sehr hohe unnötige Belastungen für das Unternehmen.

Die Ursache liegt meist daran, dass man die Planbeschäftigung von vorne herein zu hoch angesetzt hat. Sie sollte im Idealfall zwischen dem optimalen Kostenpunkt (dort sind die Gesamtkosten am niedrigsten, aber der Gewinn nicht auf Maximum) und dem Maximalgewinnpunkt angesetzt werden.

5.10 Grundzüge der Deckungsbeitragsrechnung

5.10.1 Vergleich zwischen Vollkosten- und Teilkostenrechnung

Die Vollkostenrechnung behandelt alle anfallenden Kosten im Unternehmen, was langfristig auch unerlässlich ist.

Hierbei werden aber die Zusammenhänge der Einzel- und Gemeinkosten nicht realitätsgetreu dargestellt werden. Es wurde schon erläutert, dass die Gemeinkosten über Zuschlagssätze errechnet, also grob in direkter Proportion zu den Einzelkosten gesetzt wurden. Dies ist aber nicht wirklich immer der Fall.

Aus diesem Grund können die Erkenntnisse aus der Vollkostenrechnung nicht verlässlich für kurzfristige Entscheidungen, z.B. die Entscheidung, einen neuen Auftrag anzunehmen, wenn noch Kapazitäten frei sind, verwendet werden.

Hier kommt die Teilkostenrechnung mit der **Deckungsbeitragsrechnung** als richtigem Instrument ins Spiel. Diese bezieht lediglich die variablen Kosten als entscheidungsrelevant ein.

Ein Produkt lohnt sich demnach, wenn der Preis (Erlös) die variablen Kosten vollständig abdeckt und noch einen Beitrag zur Deckung der Fixkosten leistet.

Der Deckungsbeitrag wird in zwei Kategorien berechnet:

DB I: Dies ist der Deckungsbeitrag, der zur Deckung der Fixkosten beiträgt und damit die Ertragssituation verbessert.

DB II: Hier werden die Fixkosten in "spezifische Fixkosten" für das Produkt und "allgemeine Fixkosten" differenziert. Der Teil, der nach Abzug der spezifischen Fixkosten zur Deckung der allgemeinen Fixkosten beiträgt, wird Deckungsbeitrag II genannt.

5.10.2 Deckungsbeitragsrechnung als Stückrechnung im Einproduktunternehmen

Der wichtigste Schritt ist das Erkennen von Fixkosten und variablen Kosten aus den vorliegenden Daten. Dies erweist sich auch in den Prüfungsaufgaben als die erste wichtige Hürde.

Wenn die variablen Kosten als Gesamtkosten angegeben werden, müssen diese pro Stück berechnet werden.

Dabei verwendet man eine ganz einfache Formel:

db I = Erlös (€) / Stück - variable Stückkosten (€ / Stück) = E - kv (€ / Stück)

5.10.3 Die Bestimmung der Gewinnschwelle

Im Rahmen der grafischen Darstellung ist bereits die Formel hierzu gezeigt worden. Die Gewinnschwelle ist der Punkt, ab dem der gesamte Deckungsbeitrag die Gesamtfixkosten deckt.

Dies führt zu einer einfachen logischen Schlussfolgerung, die Fixkosten durch den Deckungsbeitrag zu teilen.

M = Kf : db I

M ist somit die Menge an der Geschwinnschwelle.

5.10.4 Deckungsbeitragsrechnung als Periodenrechnung

Hier wird ganz einfach der Deckungsbeitrag für eine Periode, also für die Gesamtmenge errechnet:

DB I = Umsatzerlös - variable Gesamtkosten = U - Kv (gesamt)

5.11 Statische Investitionsrechnung

Allgemein

Im Betrieb sind regelmäßig Entscheidungen über Investitionen zu treffen. Es werden also materielle und immaterielle Gegenstände angeschafft mit dem Ziel, dass diese zur Ertragsleistung beitragen.

Die Investition beginnt mit der Anschaffung, das ist der Zeitpunkt t=0.

In einem Zeitstrahl werden die regelmäßigen Zeitabstände (z.B. Geschäftsjahr) als Perioden dargestellt. Unter der vereinfachten Annahme, dass Auszahlungen und Einzahlungen immer zum Ende einer Periode erfolgen, können dadurch Kosten und Erträge durch diese Anschaffung geplant/prognostiziert werden.

Einzahlungen	0	350.000	275.000
Auszahlungen	-1.500.000	-10.000	-5.000
Zeit t	0	1	2

In unserem Beispiel wird eine Maschine für 1.500.000 € angeschafft.

Sie bringt im ersten Jahr keine Einnahmen. Im zweiten und dritten Jahr werden Einnahmen durch den Verkauf der von dieser Maschine produzierten Güter eingefahren.
Die Auszahlungen können z.B. für Wartung oder Reperatur anfallen.

Diese Art von Rechnung wird oft als Hilfsverfahren der Praxis angewendet. Die Ein- und Auszahlungen können nur eine grobe Prognose darstellen, die in der Tat Schwankungen unterliegen.

Der Nachteil liegt darin, dass der Zeitverlauf, also die Dynamik innerhalb der Jahre und finanzmathematische Grundlagen hierbei nicht berücksichtigt werden.

Vier Verfahren der Kostenvergleichsrechnung sind zu erörtern:

- **Kostenvergleichsrechnung -** Bei dieser Rechnung werden die Erlöse nicht berücksichtigt. Man vergleicht die Durchschnittskosten je Periode für verschiedene Anschaffungsvorhaben. Der Nachteil dieses Verfahrens liegt darin, dass ein gleichmäßiger Kostenverlauf unterstellt und die Erlöse durch die Produkte nicht berücksichtigt werden. Wenn man die Erlöse berücksichtigen will, wendet man die **Gewinnvergleichsrechnung** an.

Hierbei werden wiederrum drei Arten unterschieden.

- **Gesamtkostenvergleich** - Anlagen mit identischen Merkmalen
- **Stückkostenvergleich** - Bei Anlagen mit unterschiedlichen Kapazitäten kann der Vergleich nur über die produzierten Stückkosten erstellt werden
- **Kostenvergleich** - Bei Ersatzinvestitionen hier wird die Überlegung angestellt, ob ein Betriebsmittel früher ersetzt wird, als zum Ende seiner Laufzeit. Dies kann z.B. aufgrund hohen Verschleißes des alten Betriebsmittels sinnvoll sein.

- **Gewinnvergleichsrechnung** - Hier werden nicht die Kosten, sondern die mit den Betriebsmitteln erzielten Erlöse verglichen werden. Ein **Gesamtgewinnvergleich** erfordert, die aus dem Kostenvergleich ermittelten Kosten pro Periode von den Gesamterlösen abzuziehen und bei verschiedenen möglichen Betriebsmitteln miteinander zu vergleichen. Die **Stückgewinnvergleichsrechnung** vergleicht die Gewinne pro Stück bei unterschiedlichen Preisen und Kapazitäten.
- **Rentabilitätsrechnung** - Hier wird der Gewinn in Bezug zum investierten Kapital gesetzt. Hier wird für die Rentabilität folgende Formel genutzt:

  r = Periodengewinn *100

  Gebundenes Kapital (Investition)

  Da das gebundene Kapital von Jahr zu Jahr wegen der Abschreibungen niedriger ausfällt, wäre ein Vergleich einer Anlage, die einige Jahre abgeschrieben ist und einer neuen Anlage nicht realistisch. Daher werden der Rentabilitätsrechnung die Durchschnittswerte für das gebundene Kapital aller Jahre zugrunde gelegt.

  Die Rentabilitätsrechnung hat auch ähnliche Nachteile, z.B., dass die Kosten- und Erlösentwicklungen als gleichförmig angenommen werden. Ausserdem wird bei einer Ersatzinvestition der Erlös durch den Verkauf des alten Betriebsmittels nicht berücksichtigt.
- **Amortisationsrechnung** – Dies bedeutet, dass die Anschaffungskosten nach einer Zeit durch die auf die Betriebsmittel zurückzuführenden Einnahmen wieder hereingeholt werden. Investoren streben eine möglichst kurze Amortisationsdauer an. In der Regel sind die Amortisationszeiten vorgegeben, bis wann sich die Anlage spätestens amortisiert haben muss. Hierzu werden zwei Methoden angewendet:
  - **Durchschnittsmethode** - Es wird ein Durchschnittbetrag für den Jahresrückfluß angenommen.
  - **Kumulationsmethode** - Für die Jahre werden unterschiedliche Rückflüsse angenommen, welche dann kumuliert werden.

    Rückflüsse sind die Einnahmenüberschüsse. Diese werden am Anfang von den Anschaffungskosten, in den Folgejahren von den übriggebliebenen Kosten abgezogen.

5.12 Zweck und Ergebnis betrieblicher Budgets

5.12.1 Aufstellung von Budgets

Mit dem Begriff Budget (gelesen-franz. büdjee, engl. badjet) ist ein "Geldtopf" gemeint. Ein bestimmter Geldbetrag wird für ein bestimmtes Vorhaben oder Aufgabe pro Periode zur Verfügung gestellt. Im erweiterten Sinne bedeutet dies die gesamte Finanz- und Kostenplanung im Unternehmen. Die Zusammenfassung wird Unternehmensbudget genannt.

In der Kostenrechnung bedeutet das, dass die jährlichen Kosten und die monatlichen Aufstellungen sowie die termingerechte Bereitstellung der Finanzmittel geplant werden. Das bezieht sich auf alle Ebenen (Kostenstellen, Kostenarten und Kostenträger).

Daher spricht man in Deutschland eher von "Kostenplanung", wenn Unternehmensbudget gemeint ist. In einzelnen Kostenstellen, Abteilungen usw., also im kleineren Rahmen verwendet man eher den Begriff Budget. Dafür wird in einer Kostenstelle gesondert geplant und die Finanzmittel werden für die Periode vom Unternehmen bereitgestellt, über die dann die Stelle eigenverantwortlich verfügt (Disposition).

Zum Beispiel sehen große Einzelhandelsunternehmen jährliche Budgets für einzelne Standorte - auch Profit-Center genannt - für Sicherheitsdienstleistungen wie Diebstahlüberwachung vor. Jedes Haus hat die Aufgabe, dieses Budget innerhalb des Jahres eigenverantwortlich und sinnvoll zu verteilen und zu verbrauchen, beispielsweise zum Weihnachtsgeschäft mehr Einsätze buchen, Sondereinsätze bei Jubiläen, Veranstaltungen usw.

Häufig haben die einzelnen Abteilungen ein Interesse daran, das Budget voll zu verbrauchen, da die Planung der nächsten Periode, die Ausgaben der Vorperiode einbezieht. Dies kann aber auch zu Verschwendung der Finanzmittel führen.

In Abteilungen wie Forschung & Entwicklung können Kosten nicht genau geplant und vorhergesehen werden. Häufig werden Pauschalbeträge, z.B. ein bestimmter Prozentsatz vom Umsatz festgelegt. Dies führt zu unübersichtlichen Verbrauch und auch zu Verschwendung. Um dies zu verhindern, muss geregelt sein, dass in der Abteilung über Finanzmittel und Material nur für einen bestimmten Auftrag, unter entsprechendem Nachweis über den Bedarf und der Entnahme verfügt werden kann.

Dazu benötigt man auch

- detailliert beschriebene Aufträge mit
- Auftragsnummern, sodass auch der
- Bedarf auf Plausibilität und Höhe geprüft werden kann.

5.12.2 Maßnahmen zur Budgetkontrolle

Aus dem letzten Absatz kann man die Voraussetzungen ableiten, die zu einer Kontrolle gegeben sein müssen. Der tatsächliche Verbrauch des Bedarfs muss als erstes von der Abteilung selbst überprüft werden. Denn das ist gerade der Sinn von Budgetierung.

Disposition bedeutet, eigenverantwortliche Verfügung über bereitgetellte Mittel. Danach sind die nächsthöhere Leitungsebene und gleichzeitig die explizit dafür zuständige Abteilung (Controlling oder Auswertungsstelle im Rechnungswesen) in der Kontrollpflicht. Diese müssen, je nach Unternehmen, in bestimmten Intervallen - z.B. monatlich - der Abteilungs-, Bereichs- oder Unternehmensleitung über Abweichungen berichten. Diese Berichte bilden die Grundlage für weitere Entscheidungen wie Budgetkürzung oder -erhöhung.

5.12.3 Maßnahmen zur Budgeteinhaltung

Die Einhaltung muss, wie auch oben erwähnt, in bestimmten Zeitabständen, systemathisch überwacht werden. Hierzu ist es notwendig, dass jeder Verbrauch entsprechend mit Auftragsnummer, Höhe usw. kontiert werden muss. Dies setzt wiederrum eine entsprechende Kostenstellenplanung voraus.
Bei Projekten, also einzigartigen Aufgaben, kann die Einhaltung nur gewährleistet werden, wenn eine Planung vorausgeht und zu vorher bestimmten Zeitpunkten ("Check-Point" genannt) auf mögliche Abweichungen überprüft werden kann.

Bei anderen Aufgaben, die regelmäßige Ein- und Auszahlungen haben, kann der Verlauf durch die jeweiligen Höhen der Zahlungen geprüft werden.

In der heutigen Zeit überwachen computergesteuerte SAP-Systeme die Budgets. Anhand von vordefinierten Grenzwerten und daraus abgeleiteten Vorwarnsystemen werden Abweichungen oder drohende Überschreitungen der Budgets erkannt. Dann ist eine Ursachenforschung mit anschliessender Korrektur möglich.

Quellenverzeichnis / Literaturverzeichnis

Zitzmann: Rechtsbewusstes Handeln, Verlagshaus Zitzmann Nürnberg 2015

Maußner/Vollmar: Zusammenarbeit im Betrieb, Verlagshaus Zitzmann Nürnberg 2015

Hohl, Meyer, Popp: Schutz- und Sicherheitstechnik, Verlagshaus Zitzmann Nürnberg 2015

Kuhlmey, Merz, Meyer, Tampke, Zitzmann: Organisation, Verlagshaus Zitzmann Nbg. 2014

Becker; M: Personalentwicklung, Bildung, Förderung und Organisations-entwicklung in Theorie und Praxis. Schäffer-Pöschel Verlag, Stuttgart 2011

Biesing, Personalentwicklung in Managementhandbuch Sicherheitswirtschaft und Unternehmenssicherheit, Stober, Olschok, Gundel, Buhl (Hrsg), Stuttgart 2012

Nerdinger, Bickle und Schaper Arbeits- und Organisationspsychologie 2011

Reinmuth/Jilg Sicherheitsmanagement:Personal Studienheft DUW, Berlin 2009
Studienbrief Operatives Human Ressources Managment der FernHochschule Riedlingen

DIHK-Skript Personalentwicklung

Nerdinger,Bickle,Schaper; Arbeits- und Organisationspsychologie, Heidelberg 2011

Höft & Funke, Personalentwicklung 2006

Sackmann, das Lehrbuch für die Meisterprüfung Teil III

Greßler / Göppel, Qualitätsmanagement, 2010

Rahmenplan geprüfter Meister(in) für Schutz und Sicherheit, 2. Auflage, März 2007

Skript IHK Augsburg in Überarbeitung Christian Zerle (Präsentationen)

Beyer: Unterlagen zur Vorlesung „Synergiemanagement". Kapitel Geschäftsprozesse.

Nüssel: Reorganisation, Business Reengineering, Organisationsentwicklung und lernende Organisation als Ansätze organisatorischer Gestaltung.

http://www.economics.phil.uni-erlangen.de/lehre/bwl-archiv/lehrbuch/Kap3/oe_le/oe_le.pdf

Stichwortverzeichnis

Lehrbuch

Industriemeister
Grundlegende Qualifikation
Band 1 Rechtsbewusstes Handeln

Taschenbuch, 100 Seiten
ISBN 978-3-943370-31-7
€ 24,8o

Lehrbuch

Industriemeister
Grundlegende Qualifikation
Band 3 Zusammenarbeit im Betrieb

Taschenbuch 128 Seiten
ISBN 978-3-943370-08-9
€ 19,90

Gesetzessammlung

Industriemeister
Grundlegende Qualifikation
Band 5 Berücksichtigung naturwissenschaftlicher und technischer Gesetzmäßigkeiten

Taschenbuch
ISBN 978-3-943370-19-5